《熱血先生》から
《官僚先生》へ

学園ドラマは日本の教育をどう変えたか

西岡壱誠

笠間書院

はじめに

みなさんは、「学園ドラマ」はお好きでしょうか？

学園ドラマとは、学校が舞台になるドラマで、さまざまな生徒が喧嘩したり、恋愛したり、勉強を頑張ったり、スポーツをしたりして成長していく、というジャンルの作品です。「花より男子」「高校教師」のような恋愛モノもあれば、「ROOKIES」のようなスポーツモノもあり、「ドラゴン桜」「二月の勝者」のような受験モノもあります。

おそらく、ドラマや漫画、小説などのコンテンツを見る人であれば、どこかで1つ以上は必ず、学校を舞台にした作品を見たことがあるのではないでしょうか。

そんな作品になくてはならない存在が、「先生」です。１９７０年代以降、学園ドラマの登場人物として、さまざまな先生が登場するようになりました。生徒を導いたり、生徒と一緒になって成長したり、時代が進むと、先生と生徒が恋仲になったり、いろんな発展の仕方をするようになります。先生の存在が、学園ドラマを面白くしていると言っても過言ではないのです。

そして「フィクションのなかの先生」を見て、実際に学校の先生になる人もいます。１９８０年代、「金八先生」に憧れて中学校の先生になった人は多いと言われています。逆に２０１０年代後半～２０２０年代にかけて、学校の先生たちのイメージはあまりよくありません。不祥事のニュースが多く、働き方もブラックであることが取り沙汰され、「学園モノ」でも「かっこいい先生」が現れることは少なくなってしまいました。その影響からか、２０２５年現在、学校の先生になりたいと考える人の数は減り続けています。

自分は、『ドラゴン桜』を見て東大を目指した人間です。そしてリアルドラゴン桜として東大に逆転合格した後、日曜劇場「ドラゴン桜」、日曜劇場「御上先生」などのドラマの監修をさせていただきました。

本書は、そんな自分が、学園ドラマ、その中でも「先生モノ」と呼ばれる作品が、現実世界のどんな話を反映して作られているのか、また逆にフィクションがどのように現実に影響を与えたのかについて、みなさんと一緒に概観するものです。みなさんの好きな学園ドラマは、どのような背景で生まれた作品だったのか？　現実とどれくらい乖離があって、どれくらい影響を与えているのか？　そうしたことについてまとめた1冊です。みなさんぜひ、ご自身の学園生活を思い起こしながら、楽しんでみてください！

目次

第一部

ドラマの教育監修とは

第一部では、自分（＝西岡壱誠）が実際に監修したドラマや漫画作品についてお話ししたいと思います。自分は今まで、いくつかの漫画・ドラマの監修を頼まれました。有名な作品だと、漫画『**ドラゴン桜2**』と日曜劇場「**ドラゴン桜**」❶、2024年には木曜ドラマ「**スカイキャッスル**」❷を、2025年には日曜劇場「**御上《みかみ》先生**」❸を監修しました。

と、そんな風に説明しても、おそらく多くの人はそもそも、「ドラマの監修という仕事」って、「どんなことをやっているか、よくわからない」と思うのではないでしょうか。例えば、「脚本家」だったら「ああ、脚本作っているんだな」となるでしょうし、「監督」ならリーダー的なポジションなんだろうな、「映像」とかなら撮影をしているんだろうな、という風に考えるでしょう。でも、「監修」って何をしているんだ？ って思いますよね。

はっきり言って、この「監修」という仕事の範囲はすごくまちまちで、全然決まっていないに等しいです。先ほど紹介した通り、僕はいろんなドラマで監修の仕事をしてきましたが、そのどれもが全然違う形式のものでした。ここでは最初に、「監修」という仕事がどんなことをしているのか、みなさんがよく見る作品でその裏側をお話ししたいと思います。

最初は、テレビ朝日で放送された「スカイキャッスル」というドラマの監修についてです。お金持ちの中学生が、親が望む進路に進むために、不思議な女性教師から勉強を教わる、というストーリーでした。この時には、やることはめちゃくちゃシンプルで、「専門家としての脚本チェック」と「映像の中で使われている素材作り」、そして「演者さんの演技のチェック」が主な仕事でした。

「専門家としての脚本チェック」というのは、脚本を読んで、気になるところをフィードバックするという仕事になります。例えば仮に「この代数の問題では〜」というセリフがあるとしたら、「『代数』という言い方よりも『関数』の方がいいんじゃないの？」みたいなフィードバックをしたりしました。他にも、「この学校の進学コー

❶「ドラゴン桜」（第2シリーズ）2021年、TBS系列、主演 阿部寛、原作 三田紀房『ドラゴン桜2』。最高視聴率は最終回の20・4％。
❷「スカイキャッスル」2024年、テレビ朝日系列、主演 松下奈緒。
❸「御上先生」2025年、TBS系列、主演 松坂桃李。第1話のTVer再生回数が500万回を突破。

スでは〜」という発言があったとして、「進学コースよりも、特別進学コースの方がこの場合は適切か」とコメントを返したりして、脚本に対するチェックを行います。これはそんなに大変ではないのですが、次の仕事は結構大変です。

それは、「映像の中で使われている素材作り」です。脚本ができてもすぐにドラマを撮るのではなく、そのドラマで使用する問題とか、黒板に書く言葉とか、授業で使うプリントとか、そういったものも作らなければなりません。例えば「スカイキャッスル」だと、生徒が数学の解答を黒板に書いて、先生（小雪さん演じる九条という受験コーディネーター）が「ここが間違っています。ここのポイントは間違えないようにしてください」と指導する、なんてシーンがあったのですが、この数学の問題を作ったり、間違い解答を用意したり、小道具のノート（新品ではなくしっかりといろんな文字が書き込まれているようなもの）を製作したりする必要がありました。しかも、適当な問題ではなく、「そもそもこの『スカイキャッスル』の生徒たちの学力の設定としては、偏差値70超えの中学3年生を想定しているから、そうするとこれくらいのレベルの数学の問題が必要なんじゃないか」みたいなことを考えて、ゼロから作らなければなりません。これがすごく大変なのですが、実際の映像を見るとあんまり映っていなかったり、SNSで見ると全然そんなことは話題になっていなかったりするので、本当に「裏方」という感じの仕事です。

ちなみに白状すると、1個だけ遊びを入れた場面があります。「スカイキャッスル」の第2話で、「こんな講師陣じゃ話にならないわ！」と家庭教師の先生たちのデータが書かれた紙の束をテーブルに叩《たた》きつけるシーンがあるのですが、その家庭教師の先生として、自分の会社に所属しているメンバー（布施川天馬くんや9浪はまいさん、新倉和花さんに青戸一之さんなど）の顔写真を印刷したものを使いました。もし気になる人はぜひそのシーンを観てみてください。うちのメンバーたちが無惨にも「話にならない講師」扱いされている、という観る人が観ると笑える1コマです。

さて、最後が「演者さんの演技のチェック」になります。これは、撮影の現場に同行し、演者さんたちの演技に対してコメントを行うというものです。先生役の人は先生としての立ち振る舞いに、生徒役の人には生徒としての立ち振る舞いに違和感がないかを確認します。

例えば、先生役の人には「このシーンでは、この問題の解説をお願いしますね。この部分を強調してもらえるとそれっぽくなると思うんで……」みたいな感じで直接話をします。また、生徒役の人にも、「このシーン、Aくんは数学の問題が好きという設定なので、数学の問題を目《ま》の当たりにしてすごく目がキラキラ！　みたいな感じでお願いします！」というように頼んだりもします。そしてそうやって撮影された素材を見て確認し、「これで大丈夫だと思います」「もう少しこの部分はしっかり発音した方が……」とコメントをするという仕事になります。実際に俳優さんとお話しするので、結構緊張しながらすることになります。

これは比較的簡単なように聞こえるかもしれませんが、実際はかなりハードワークです。まず撮影の現場に同行することになるので、朝から晩まで撮影に張り付きます。そもそも、ドラマの撮影は本当に長いです。ちょっとした10～20分程度のシーンを撮影するためだけに、丸1日2日かかることなんてザラです。スケジュールもまちまちで、「この日にこのシーンを撮る」というのも、直前にしか決められないこともあります。それはドラマを作る上では仕方がないことなのですが、やはりそれに対応するこちらとしては大変な仕事です。

そしてその場で、細かいところも含めて、いろんなチェックをすることになります。

例えば、「この、『相加相乗』ってセリフ、イントネーションはどんな感じですか？『そう↑か↓そう↑じょう↓』ですか？」という演者さんからの質問を受けて、「いや、『そう↑か↓そう↑じょう↑』の方が正しいかな」と回答する、といったこともあります。この中には、「それって、答えなんてあるのか？」というようなものもあるわけですが、万が一に備えて辞書を持ち込み、わからなければその場で辞書で調べて正しいかどうかを判断します。

一番難しい科目は、数学です。数学は、すごく大変な依頼が多いです。例えば、助監督の方から「西岡さん、ちょっと明日の撮影で、この数学の問題を読み上げるシーンがあるんで、この数式をどう読むか教えてもらっていいですか？」と言われて「はーい、いいですよ」と見たら、次のページのような数式でした。

西岡「えっ……。これを、読むんですよね……？」

助監督「はい、できればひらがなで送ってもらえると」

西岡「え、ええっと……」

わかる方がどれくらいいらっしゃるかはわからないのですが、これ、実はすごく難しいんですよね。超真面目に回答すると、「インテグラル1から4の積分……? いやこれはインテグラルは読み上げなくてもいいか……? その後ろは、エックスプラス1の二乗で、次はこのディーエックスって、発音した方がいいのか?」みたいに、細かい記号の読み方を、辞書を使ったり実際の大学の先生にコンタクトを取って確認したりして、正式なものを調べなければなりません。

そして、正式な読み方を調べるのも大変なのですが、それはそれとして、これを演者さんに読んでもらおうとすると、それ以上の大変さがありま

$$
\begin{aligned}
&\int_1^4 (x+1)^2\,dx-\int_1^4 (x-1)^2\,dx \\
&=\int_1^4 \left\{(x+1)^2-(x-1)^2\right\}dx \\
&=\int_1^4 \left\{(x^2+2x+1)-(x^2-2x+1)\right\}dx \longleftarrow x^2, 1 \text{ が消えた} \\
&=\int_1^4 4x\,dx \\
&=\left[2x^2\right]_1^4 \\
&=32-2 \\
&=30
\end{aligned}
$$

す。
演者さん「え、西岡さん、ここのディーエックスは言わなくていいんですか？」
西岡「あー、それはあんまり読み上げることの少ないものでして……」
演者さん「こっちのこのZみたいな記号はなんでしたっけ？」
西岡「あー、これはシグマっていう名前なんですけど……」
みたいな感じで説明をしていかなければならないのです。もうこれは本当に大変なのですが、演者さんは割と覚えようとしてくださって、「ああ、プロの人って本当にすごい人たちなんだなあ」と感銘を受けた記憶があります。
さて、「スカイキャッスル」の仕事はこんな感じだったのですが、最初にもお話しした通り、監修の仕事は多岐に亘《わた》りますので、これ以外のこともたくさんあります。例えば日曜劇場「御上先生」や「ドラゴン桜」だと、ドラマの脚本の流れ・展開に関してもコメントをさせていただくことが多かったです。というのも、これらの作品はメインテーマとして「受験」とか「勉強」が掲げられていたので、問題や教え方を考えることが直接脚本上の展開と繋がる部分があったからです。

例えば、日曜劇場「ドラゴン桜」の時だと、「意外性のある勉強法を使って、勉強合宿をするシーンが撮りたい」という制作陣からのオーダーがあり、それを反映させて漫画『ドラゴン桜』でも使っていないような勉強法を考案し、使っていただきました。「ゲームのように覚えられるような勉強法はないか?」とか、「粘り強く考えなければ解けないような面白い問題を考えてくれ」とか。

1つ大変だった具体例を出しましょう。日曜劇場「御上先生」の第1話冒頭では、御上先生が生徒たちに対して数学の授業をするシーンがあります。ここでの先生の教え方がすごく画期的で、かつハイクオリティで、生徒から「この先生は、今までの先生とは違う」という印象を持たせる意図のあるシーンだったわけですが、そのために問題を作るのと同時に、セリフの部分も考える必要がありました。

「西岡くん、このシーンはとても重要なので、ぜ

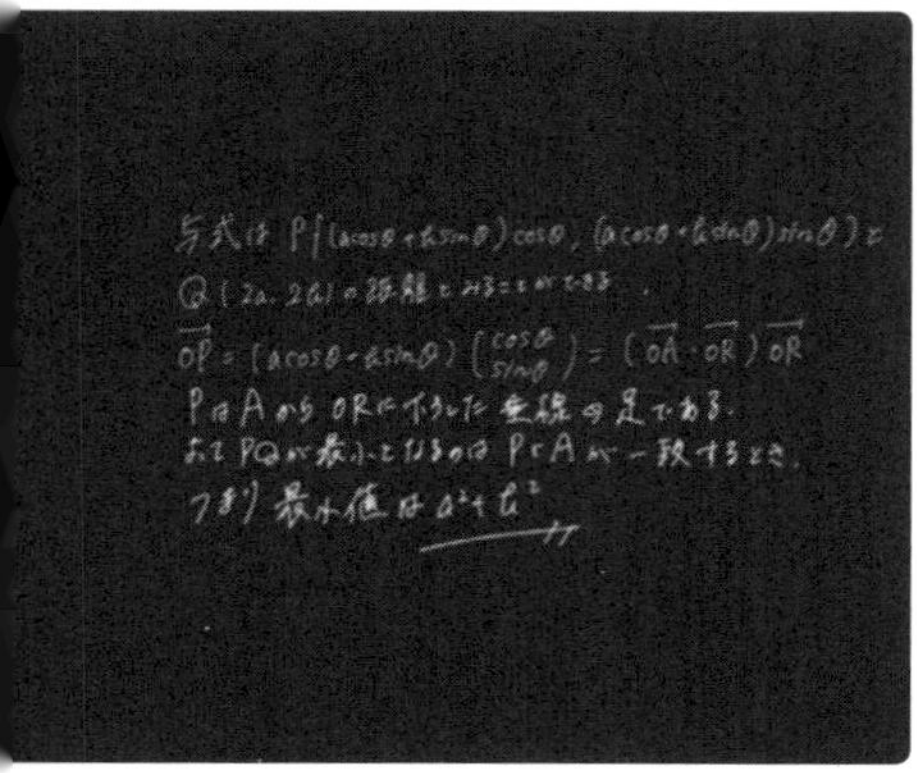

ひ力を入れて作ってくれ。数分のシーンで、御上先生が非常に優れた能力を持っているということを示しつつも、聞いている視聴者が『なるほど！』となるようにしてもらいたい」

という、めちゃくちゃハードルの高いオーダーをもらったのを覚えています。御上先生はどんなことを考えるか、どんな教え方をすれば画期的であると思ってもらえるのか、作品全体のテーマとしての日本の学校教育と繋がるような数学の問題とはどのようなものか……。考えなければならないことはいろいろあるわけですが、それはそれとして、視聴者にもわかってもらわなければならないというハードルもあります。御上先生の舞台になる学校は東大志望者が多くて、偏差値も高く、

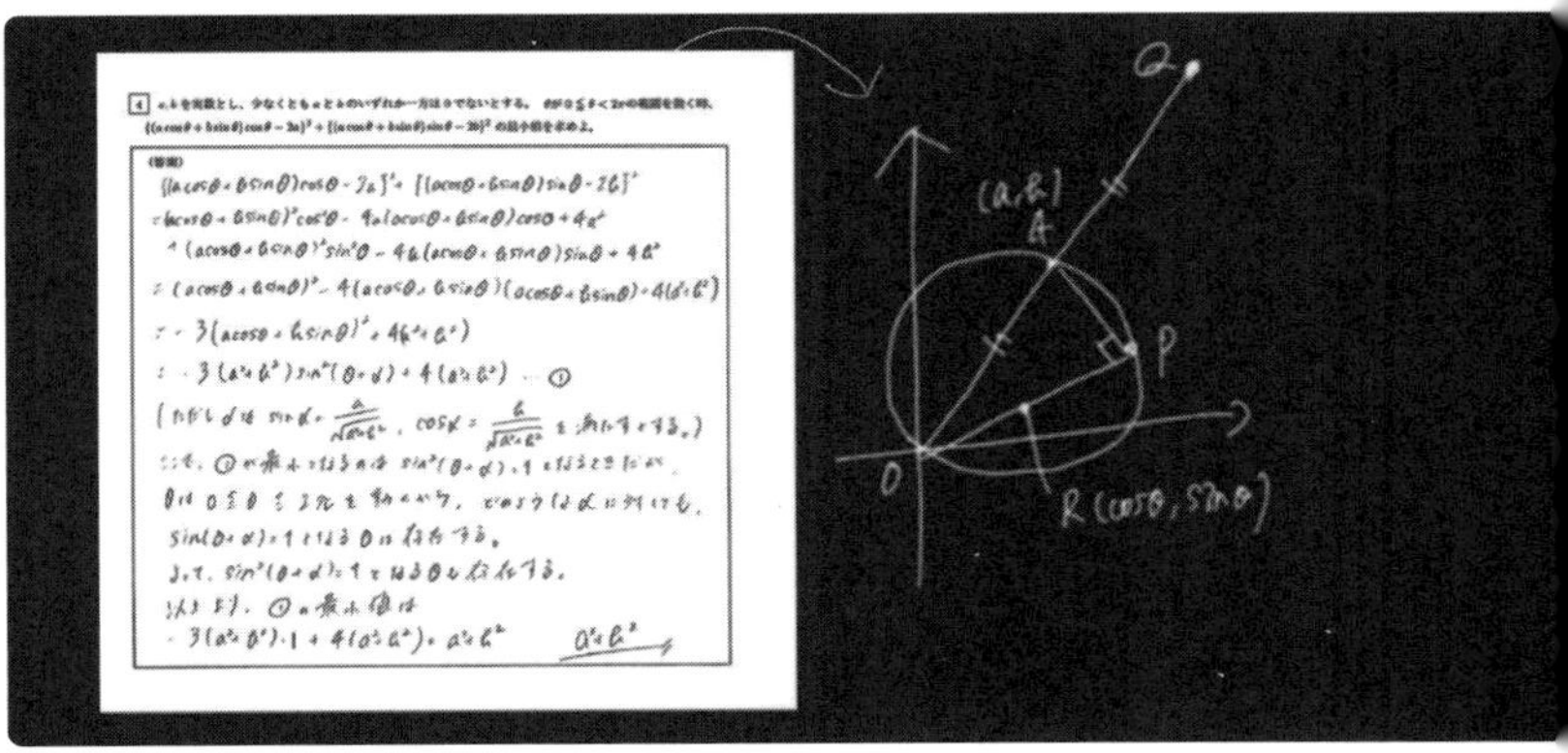

しかも高校3年生。ガチな数学の問題を出さないと「東大志望者でも解けない問題」にはなりませんから、まあ大変でした。

10個ほど問題を作成し、脚本チームと相談して、やっと1個に絞ることができたのでした。

実際の問題が前ページのこちらになります。

これは、一見すると「最小値を求める」という関数の問題に見えます。しかしそう思って解くと時間もかかるし間違えやすい。

でも、図形の問題だと思って、図形にしてみれば簡単に答えが出る、というものです。作中では、高校2年生のテストで多くの生徒が間違えてしまったものとして、御上先生が解説をしています。

例えば、次の問題をご覧ください。

30秒以内に計算してください。
44×44−11×11−22×22−33×33

この問題は、あることに気付ける人であれば30秒以内に計算できる問題です。これは、ストレートに解こうとすると時間内には解き終わることがなかなか難しい問題だと思います。どんなに44×44の計算が速くても、11×11を一瞬で計算できる人だとしても、30秒以内にはできない場合が多いと思います。

実はこの問題、掛け算や引き算が速い人よりも、「あること」に気付けた人の方が速く計算できるのです。

まず、この計算式には「44」「11」「22」「33」というように、同じ数が並んだ2桁の数字が登場していますね。これらの数は、「44＝11×4」「22＝11×2」「33＝11×3」というように、11の倍数です。

そしてそれらを、「11×11」「22×22」というように、同じ数同士で掛け算をしています。さて、この「同じ数の掛け算」を見て、何か思い出しませんか？「11×11」

「22×22」というような同じ数の掛け算というのは、「正方形の面積」と同じです。仮に、1辺が11㎝の正方形があったとしたら、この正方形の面積は「11㎝×11㎝」で求められます。今回の「22×22」「33×33」というような数は全部、正方形の面積を求める計算と同じなのです。ですから、これらの計算式は下の図のように置き換えることができます。

11×11と22×22を比べると、22×22は11×11の正方形を4枚並べた形になるので、4倍大きくなります。同じように考えると33×33というのは11×11の正方形を9枚並べるのと同じになるので、9倍大きいと考えられます。

こうして見ると、「44×44－11×11－22×22－33×33」という計算式は、図形の問題に変換することがで

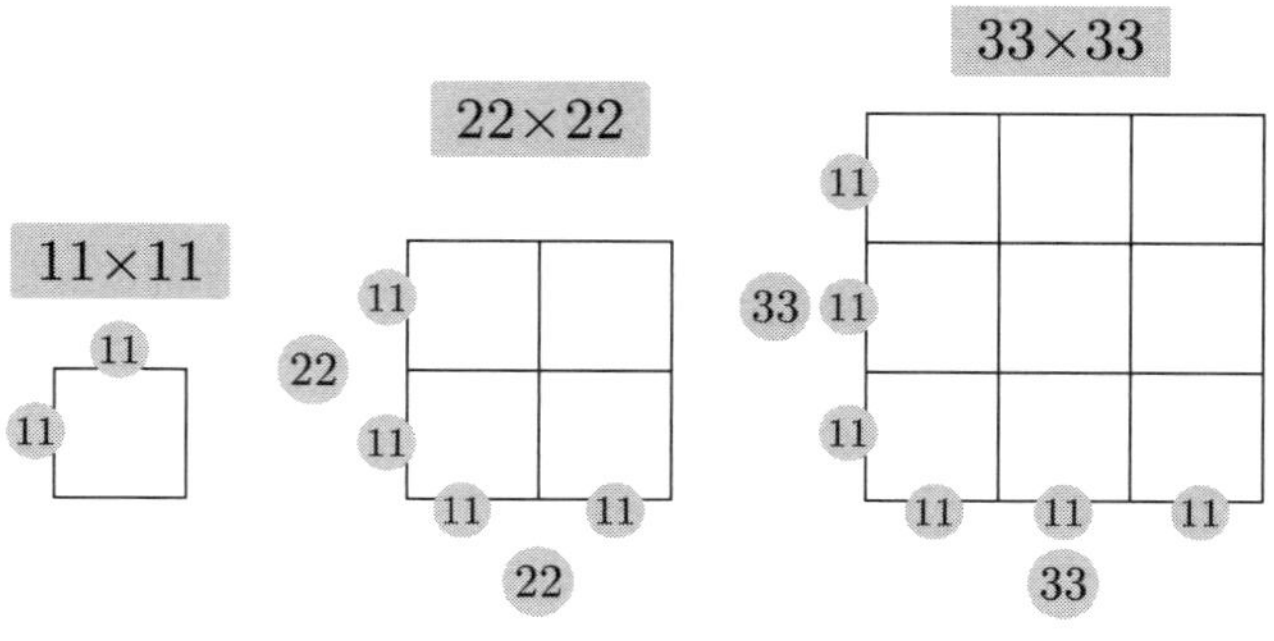

きるのです。下の図をご覧ください。

　このとおり、「44×44－11×11－22×22－33×33」という計算は、「16個の正方形から、9個の正方形と、4個の正方形と、1個の正方形の分を引く」と同じになるのです。こう考えてみると、2個の正方形だけが残るので、この2個の正方形の面積を求めればいいわけですね。答えは、「11×11×2（11×11の正方形が2つあって、その面積の合計）＝242」となります。このように、図形があると答えやすいわけです。数をなんらかの図形に置き換えて考えることで、計算を視覚的にすることができて、より理解しやすくなる問題はかなり多いわけですね。

　小学校の算数でも、四則演算（足し算・引き算・掛け算・割り算）の勉強や小数・分数などの計算の勉強

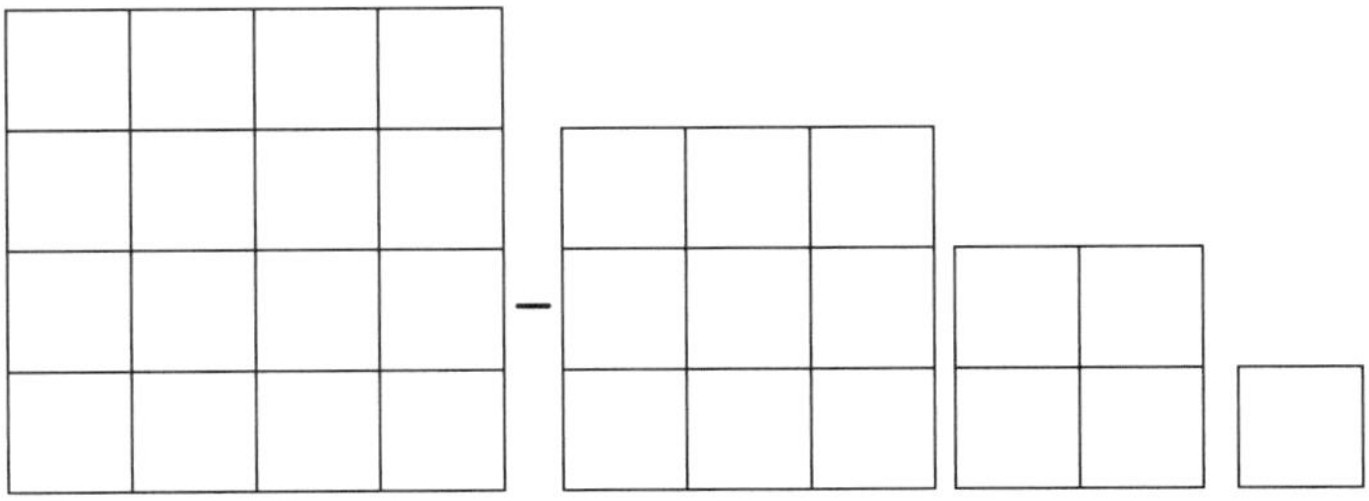

44×44　－　33×33　－　22×22－11×11

と交互に、図形の勉強をすることがほとんどです。中学に上がっても、代数と幾何は交互に教わった人がほとんどなのではないでしょうか。

図形と計算・幾何学と代数学は、実は別々のものを教えているというわけではなく、交互に進めていくことで効果が出るからなのです。竹馬のように、「右足を前に出したら、次に左足も前に進め、また今度は右足を進める」というようにステップを踏んでいくべきものだと言えるわけです。少なくとも文部科学省が学習指導要領の中でこのような交互に算数・数学を教えることを意図しているのは、別々のものを教えているというより、両方併せて数学を教えていると考えることができます。

多くの人は「これは図形の問題だ」「これは関数の問題だ」と分けて考えてしまうけれど、これは実際にはどちらも併せて数学であり、分かれているわけではない。なぜ学校教育では代数と幾何を同時に学ぶのかといえば、数学には両方必要で、片方を前に進めたらもう片方も前に進めなければいけないものだからだ……。と、まあそういうことを御上先生に語ってもらう展開として、この問題を出題させていただいたのでした。

「ドラマで使われる問題を作る」というのは、ただ簡単に問いと解答を作ればいいというわけではなく、このようにその後の展開や整合性を考えつつ、セリフも作りながら、それとマッチしたものを出題する必要があるわけです。これは本当に大変な作業になります。僕も1人でこれを作るのは難しいため、いろんな人・教育関係者を巻き込みつつ、実施しているのでした。

こうした「展開と合わせつつ問題やテストを作る」という作業は、「御上先生」以外にも、漫画『ドラゴン桜2』並びに日曜劇場「ドラゴン桜」でも実施しました。当然のことながら、東大受験の勉強のために問題を解くシーンもあれば、模試を解いて悩むワンシーンがあったりもします。そうすると、その問題を考えたり、その問題の答えを考えたり、その答えを○○という生徒はどんな間違い方をするのか？　ということも考えなければならないわけです。

そしてそれに対して、その問題を教育系 YouTuber が解いて解説動画をアップすることもあります。「これはいい問題だ」「これは間違った解答だ」とＳＮＳ上で議論になったりするわけです。適当に作ることはできないわけですね。

問題だけでなく、解答欄も大切です。例えば、下の漫画『ドラゴン桜2』の1シーンをご覧ください。ここでは、天野くんの大学入試センター試験の自己採点の様子が描かれています。実はこの何気ない場面に、ちょっとしたこだわりが隠れています。桜木先生が、「お前のセンターの解答だ　自己採点しろ」と天野くんに渡しているコマを見てください。

桜木先生が持っている解答用紙（マークシート）は、よく見てみると（わかりにくいですが）解答番号が塗りつぶされています。実はこれ、デタラメに塗っているわけではなく、ちゃんと意図があるのです。天野くんの解答用紙のマークシートは、25番までしか答えがマークされていません。しかし、当時の世界史Bのセンター試験の問題は36番まであります。つまり、マークシートに答

『ドラゴン桜2』三田紀房／コルク

えを記入すらしてないということなのです。基本的にマーク型の問題では答えが1つに定まらなかったとしても、何かしらマークをする、というのが戦い方の定石《じょうせき》となります。なぜなら、基本的には4~5択の選択肢問題になっているため、たまたまマークしたものが当たるという可能性が十分に存在するからです。

しかし、それをマークできていないのは、いかに天野くんがこの時点でセンター試験型の問題に対応できていないか、そしていかにあきらめグセがついてしまっているかを示していることになります。このような細かい1コマにいろんな意味を含ませているわけです。

試験会場の1コマを作る時にも、大変さがあります。例えば、次ページのシーンは東大文系の試験会場になっている「駒場キャンパス」を再現しており、座る位置によってリスニングの音声の聞こえ方が変わる、という受験者なら共感できるあるあるが紹介されています。

これは特に変わった部分はないように見えますが、実はちょっとしたこだわりがあります。それは、座っている生徒の「男女比率」です。よくよく見てみると、このコマでは8~9名程度の受験生が登場するのに対し、女性は2人しかいません。実際、東京大学の学生の男女比率は8：2であり、志願者の割合もほぼ同じであるため、それを忠実に再現しているのです。受験シーンのコマをなんとなくで作成すると、男女比率を半々にしてしまいがちなのですが、「東大受験」というものを描くとなると、こういうことを意識しなければならないわけです。

また、ここで白状すると、問題で遊ぶこともあります。例えばこのシーンでは、リスニングの練習として先生と

『ドラゴン桜2』三田紀房／コルク

生徒が楽しく歌っている様子が描かれています。背景には、歌詞と思われる英語が書かれていますね。ここを目を凝らして見てみると、“You seem to have goo... ..ight!” という単語の並びであることがわかります。つまり、「あなたは○○を持っているみたいだね！」という意味なのです。

「こんなとこまで見てる人いるの？」と思う人もいると思いますが、これ、○○ってなんだと思います？　前後の文脈から隠れているスペルの部分を推測するしかないのですが、実は、ちょっと面白いネタを仕込んでいます。

『ドラゴン桜2』三田紀房／コルク

答えは"You seem to have good eyesight!"「(こんなところまで読めるなんて)あなたは視力が良いのね!」という意味です。つまり、ここを確認できる人はよく読んでいて目が良いに違いない、という意味になっています。読者サービスですね。このような細かなところに遊び心を入れたりすることができるのは、ちょっとした監修者の楽しみだったりします。

一番大変だったのは「点数作り」でした。1次試験の点数が何点だったのかを発表するシーンがあるわけですが、東大専科のメンバー全員の点数を考えなければならなかったわけです。「えーと、瀬戸くんはこの科目でやらかしていて、でも小杉さんは上手《うま》くいっていて、健太くんはこの科目で難しかった設定にしないと……」「瀬戸くんはギリギリで1次試験を突破するわけだから、ギリギリの点数を考えないとダメだよな……」と、細かい点数配分を決めなければならなかったわけです。東大専科のメンバー9人全員の設定を作ったので、かなり大変でした。

それ以外にも、ドラマには監修者の意見や考え方を「材料」として使っていただき、脚本家の人たちに「料理」をしてもらう、ということも多くあります。例えば、これはドラマというよりも漫画の方からの流れですが、僕自身が「リアルドラゴン桜」ということもあって、どのような受験遍歴を辿《たど》ってきたのかをお話しして、ドラマの展開やキャラクターの性格、どういうところで失敗するかなどについて使ってもらったわけです。白状すると、僕の経験が一番色濃く反映されていたキャラクターは、「藤井くん」でした。

そもそもこの藤井くんというキャラクターができたきっかけは、漫画『ドラゴン桜2』を作っている時に三田紀房《のりふさ》先生から、「ドラゴン桜2では、合格しやすい性格の受験生と、合格できない・伸び悩む性格の受験生の2パターンを出したいんだよね。西岡くん考えてきてもらえる？」とオーダーをいただいたことでした。これに対して、僕が「任せてください。僕は偏差値35で2浪の人間ですから、どんな奴が東大に不合格になりやすいか、めっちゃ詳しいんで！」と言った結果、「じゃあ過去の西岡くんみたいなのを出せば不合格になりやすいキャラができるんだね」と言われてできたのが、あの憎たらしい「藤井くん」だったのです。

ちなみに僕が藤井くんというキャラクターをプレゼンしたときの特徴は、次の通りでした。

1．素直じゃないやつ。自分の弱点に自覚的になり切れず、ミスしても「ケアレスミスだ」と言ってしまう。だから肝心な時に大きなミスをしやすい。

2．他人に頼るのが苦手なやつ。友達と一緒に勉強しようとせず、1人で突っ走る。学校の先生と喧嘩したりすることも多くて、内職もする。誰にも頼らないからこそ、困ったことがあっても助けてもらいたいと声を上げたりできない。

僕がそういう人間だったことで不合格になったので、この2つの特徴をプレゼンしました。その結果として、「素直に自分の弱点を理解することができない、他人を頼ろうとしない一匹狼」のキャラクターができたわけですね。

僕は偏差値35の時、一生懸命勉強しようとするあまり、内職をしたり、誰かに頼らずに1人で勉強したりして、学校の先生と衝突していました。その結果として不合格になり、もう一度挑戦してもやっぱり不合格でした。2浪の時、まず僕がやったのは

「頭を下げる」ということでした。自分のやり方では不合格になってしまうのは明らかで、このままいけばまた不合格になってしまう。であれば、プライドとかそんなものはかなぐり捨てて、人に頼った方がいい。そういうわけで、東大に合格した友達とか、自分が「この人は頭がいい」と思った人に対して頭を下げて、「どんな勉強法をしているのか教えてくれ」「どんなノートを取っているのか見せてくれないか」と言ったのでした。そして学校の先生のところにも行って頭を下げて、「東大に行きたいから、助けてください。自分のダメなところを教えてください」と言いまくったのでした。

さて、この話、どこかで見覚えがあるのではないでしょうか。そうです、『ドラゴン桜2』の漫画の展開で、「水口先生に頭を下げろ」と桜木先生が言う展開にそっくりですよね。それを踏襲して、ドラマの方でも第9話で藤井くんは、今まで馬鹿にすることもあった東大専科のメンバーに頭を下げて「ノートを見せてくれ」と言いましたよね。あの展開は、僕のこのエピソードを材料に料理してくださった結果なわけです。

これ以外にも、「ドラゴン桜」ではたくさんの仕事がありました。番組の公式SNSの運用をやったり、盛り上げのために YouTube に出演したり、ネット記事を書いたり……。その中で、「ドラゴン桜」がどのように視聴者に受け入れられているのかについて追い、それをもとに次の戦略を練る、ということも仕事としてやっており、ドラマを視聴する人たちの感想をダイレクトに受け止めるようになりました。

その結果として、今回この本でこれから描くような、「学園モノの教育ドラマはどのように受け取られているのか、どのような変化があるのか」について調べるようになったわけです。

どうでしょうか？「ドラマの監修、いろいろやっているんだな」って思いませんか？　ドラマの裏話ということで、みなさんに興味を持ってもらえたら幸いです。ちなみにこの原稿を書かせていただいているのも、「御上先生」のスタジオで絶賛撮影中のタイミングです。このドラマがどのように受容されているのか、実はこの原稿が完成するタイミングではわかっていないんですよね。

「御上先生」、多くの人に観てもらっているといいなぁ。

あきらめたらそこで試合終了ですよ

井上雄彦《いのうえたけひこ》『スラムダンク』

スポーツ漫画において学校の先生キャラは名言を放つことが多いですが、その中でも一番有名なのは、やはり「安西先生（安西光義）」でしょう。

「安西先生…‼バスケがしたいです……」で有名な、漫画『スラムダンク』の安西先生は湘北高校バスケットボール部の監督であり、温厚で穏やかな性格に、ふっくらとした体型でいつもニコニコしています。選手たちに対しても怒ることは少なく、のんびりとした雰囲気で接しているのですが、彼は実はかつて「白髪鬼」と恐れられた鬼コーチだった、という過去が描かれます。

安西先生は、大学界きっての名将と称《たた》えられており、言葉遣いも粗暴な上に、スパルタ指導で選手を鍛え上げることで有名でした。しかし彼の厳しすぎる指導が原因で、教え子の谷沢がアメリカで挫折し、命を落とすという悲劇が起こってしまいます。安西先生はそれをきっかけに指導方針を変え、今のようなスタイルになった、という過去を持っていることが語られます。そしてその過去から、厳しい指導ではなく、選手自身の成長を促すようなスタイルでバスケを教える先生へと変わった、という設定です。生徒を見守りながらも導いていく、という理想的なコーチとして描かれていますね。

この、スパルタの厳しい指導から優しいコーチング型の指導への流れというのは、2000年代になってからどんどん進展していくものです。が、『スラムダンク』が連載を開始したのは1990年。まだまだスパルタ指導の方が主流だった世の中で、このキャラクター性は時代の先取りだったと言っていいでしょう。

さて、このような高校生の部活を描くスポーツ漫画で、先生キャラというのは非常に重要な存在として描かれる場合が多いです。そしてどの先生も、「主人公たちに精神的な成長を促す言葉を投げかける」というのが特徴です。

他に安西先生で有名なセリフといえば、「あきらめたらそこで試合終了ですよ…?」という言葉ですね。これも、バスケの話というよりは精神論の話です。主人公たちに対して適切な声掛けを行うことで、彼らが自分で精神を奮い立たせられるようにしていく、というのが安西先生だったわけです。

「熱い想いを持ちながらも熱血でなく、容姿が優れているわけではないのにかっこいい」。この後に続く時代において、スポーツ漫画の先生像は、この安西先生のようなキャラ造形がかなり好まれるようになった面があり、度々いろんな作品で見かけることになります。

例えば、競技かるたを描く末次由紀《すえつぐゆき》の漫画『ちはやふる』では、原田先生という人が登場します。彼は、若い頃は名人を目指していたほどの実力者で、シニア世代でもトップクラスのA級選手なのですが、普段はユーモラスで優しいキャラクターです。その上で、「〝青春ぜんぶ懸けたって強くなれない〟？　まつげくん懸けてから言いなさい」という名言もあり、熱い想いを持って生徒たちに対して指導しているという設定です。

「熱い想いを持ちながらも熱血でなく、容姿が優れているわけではないのにかっこいい」という先生像は、ずっとこれからも1つのフォーマットとして続いていくものなのではないかと僕は考えています。今後もスポーツ漫画の先生像に注目ですね。

第二部

学園ドラマが描く先生と教育

第一章

学園ドラマが産声を上げた1970年代

昔から大人気だった学園ドラマ

学校の先生が主人公となるようなドラマがいつから作られるようになったのかというと、古いものだと1960年代まで遡《さかのぼ》ることになるが、基本的には1970年代からだと言っていいだろう。1974年、**「高校教師」**❶というドラマが放送された。学校を舞台としたドラマであり、これ以降多くの学園モノドラマが放送されることになった。高校の先生のドラマが多かったが、時代と共に中学校・小学校にも波及していくことになった。特に水谷豊が演じる小学校が舞台の**「熱中時代」**❷はかなりの人気になった。最終話の視聴率はなんと40%を記録し、学園ドラマというものの認知度を大きく向上させた。

「学園ドラマ」は、2000年代前半まで、かなり視聴率が取れるジャンルになった。その理由としては「幅広い人がターゲットになるから」というのが挙げられる。子供にとっては、いつも通っている学校の話がメインになっているので見やすく、サスペンスと違って血が出たり人が死んだりすることも少ないため親も勧めやすい。親世代は親世代で、「ああ、中学校懐かしいな。あの先生元気にしているかな」という郷愁と共に見ることができる。ファミリー全体がターゲットになっており、そうしたファミリー層を取り込んだドラマは視聴率が高くなりやすい。そのため、学園ドラマはどんどん乱立するようになっていく。

そんな流れの中で、「学園ドラマ」というジャンル全体の先駆けとなった、あのドラマが生まれることとなる。1979年から放送開始した**「3年B組金八先生」**❸である。第一章では、このドラマについて触れたい。

その前にまず、当時の教育を取り巻く環境について整理したい。戦後、日本は国力をあげるために、教育に対して力を注ぐようになった。学力を大きく向上させるための政策が推し進められ、詰め込み教育に邁進《まいしん》していくことになった。

❶「高校教師」1974年、東京12チャンネル（現・テレビ東京）、主演 加山雄三。これまでビデオソフトやDVD化はされてこなかったが、2024年1月に初めてDVD〈HDリマスター版〉が発売された。

❷「熱中時代」1978年、日本テレビ系列、主演 水谷豊。第1話視聴率は12・2%だったが、最終話の視聴率は40・0%を記録。第1話の視聴率からの伸び27・8%は歴代最高記録。

❸「3年B組金八先生」（第1シリーズ）1979年、TBS系列、主演 武田鉄矢。第1シリーズの最高視聴率は最終話の39・9%。第17回ギャラクシー賞、昭和55年日本民間放送連盟賞・テレビ娯楽部門優秀賞。

近頃のように、「勉強ができなかったとしても、他の才能があればいい」というような考え方はほとんどなく、とにかく勉強して、いい大学に入って、いい企業に就職して、身を粉にして働くことこそが是とされた時代だった。それこそが敗戦から日本という国が復興する１つの道であると、多くの人が考えていた。偏った考えであるが、偏っているからこそ、わかりやすく、多くの日本人がそれを支持していたと言える。

先生という職業はその中で、「社会の厳しさを教える存在」として、一定の評価を得ていた。保護者も子供も、先生の言うことには服従するのが当たり前であり、一定の体罰も許容されていた。

自分（＝筆者）の母親は今年62歳で、１９７０年代に中高時代を過ごしていた。そんな母親が、２０１０年代によくクローズアップされていた不登校のニュースを観ながら、よくこんなことを口にしていた。「自分が子供の頃は、『学校を休む』、なんて自由はなかったけどなぁ。風邪で熱が出ようが、雪で道を歩くのが大変だろうが、そんなこと関係なく、休むなんて許されてなかったもんだけど」と。「行きたくなければ学校なんて行かなくてもいい」なんて言われるようになったのは最近のことであり、

1970～80年代は、学校には「行かなければならない」、先生には「従わなければならない」という風潮があった。それが当然であり、だからこそ日本という国の教育は一定の成功をおさめていたとも言える。

話は変わるが、2025年現在、アジアの受験はどんどん過熱してきている。特にインドの場合は、「高度経済成長期の日本のようだ」と揶揄《やゆ》されることがある。「大学受験の結果によって自分の人生が変わる」という現実があり、インドの塾には「オリンピック選手になるよりも、〇〇大学に入ってプログラマーになる方が凄《すご》い」という趣旨のポスターが貼られている。さまざまな町で、「彼らがトッパー（インドにおける共通テストで満点に近い成績を取った人たちの総称）だ！」と選挙ポスターよりもデカデカと顔が並ぶ。新聞にもその名前が載り、一生、安泰な人たちとして扱われる。そしてその上で、年間3万人が受験を苦に自殺しているそうだ。とんでもない価値観だとは思うが、しかしこの受験戦争の過熱化は、確かにインドの国力を上げていると解釈できる。今やアメリカの名だたるIT企業の幹部はみんなインド人であり、GAFAM（Google、Apple、Facebook［現Meta］、Amazon、Microsoft）の技術者の多くはインド人プログラマーだと言われている。日本でも、ソフトバンクの孫正義氏の後継者候補4人のうち3人がインド人だったというのは有名な話だ。偏った教育というのは、結果を生む。いい面も悪い面もあるだろうが、それだけは確実なことだ。

だが、偏っている分、反動というものも発生し得る。詰め込み教育の重視により、「できる生徒」と「できない生徒」という二極化が顕著になった。その結果として発生したと言われるのが、1970～80年代の校内暴力の嵐だ。1970年代末期から1980年代にかけて、中学校・高校では校内暴力が蔓延《はびこ》るようになった。荒れている学校は本当に荒れに荒れていて、教師による体罰も、校内暴力も当たり前。学級崩壊して授業が成立しない、「教育困難校」と呼ばれるような学校がたくさん出てきてしまった。

「できる生徒とできない生徒」という残酷な区分

この、「できる生徒とできない生徒の二極化」の対立軸がはっきり描かれたのが、「3年B組金八先生」だった。このドラマはスペシャル版も合わせて長寿番組となるわけだが、どのシリーズでも「その当時の生徒の抱える問題」について触れられていく。最初の第1シリーズでは「中学生の出産」と「受験戦争を苦にする自殺」が描かれ、第2シリーズでは「教育困難校」がテーマに、第3シリーズでは「生徒の無気力」が描かれることとなった。それ以降については別の章で触れることにするが、その中でも、「金八先生と言えば」と言われるのが「第2シリーズ」であった。これが「伝説」と言われるようになったのは、やはり当時の時代背景を反映し、そこに真っ向から大人がぶつかって解決していくというストーリーがお茶の間に受けたからだと言えるだろう。

第2シリーズを象徴する言葉として、「腐ったミカン」というキーワードがある。これは、作中に登場する加藤という不良生徒のことを指す言葉であった。

加藤は荒れている荒谷二中から、金八先生の桜中学にやってきた問題児であり、最初は先生の話を聞こうともせず、他の生徒と問題を起こしてばかりだった。しかしそんな加藤に対しても、主人公の金八先生は真摯《しんし》に対応する。不良の溜まり場に行って、加藤を庇《かば》う暴走族関係者2人も交えて、4人で話をする。

「金八先生」vs.「現暴走族リーダー&元暴走族リーダー&加藤」という構図で、一触即発の展開であるが、金八先生はビビりながらもしっかり話をしていく。最初は荒々しい空気だったが、途中で金八先生が「腹減ってしまったから、飯を作らせてもらえないか」と言い出し、焼きそばを作ってみんなで食べたあたりから、割と向こうも心中を話してくれるようになる。

金八先生は「義務と権利」の話をする。加藤は「学校に行かなければならない義務があるなんて、人権侵害だ」と言うが、それに対して金八先生は強い口調でこう言う。

「加藤、お前は、教育を受けることができる権利がある。義務じゃない。だから授業がわからなかったら、『わからないから教えてください』と言う権利があり、それに学校・先生は答えなければならない。だが授業にも来ないのに『わからない』『ついていけない』というのは筋が通らないだろう」と。この加藤への金八先生の対応は、体当たりという他ない。不良である加藤に多少ビビりながらも、不器用でもきちんと話をしていく様子が描かれている。このような熱い先生像というのが、１９８０年代ではずっと続いていくことになる。

それに対して、加藤の先輩だという元暴走族のリーダーである岸本という人物がこんな話をする。「一体人間ね、生徒を成績だけで区別できるもんなのかね。先公は、平気でこっちのことを区別しやがる。で、先生ってのは、頭がいいやつがなるだろ。だから、勉強ができないやつのことがわかんないんじゃないか。だから平気でこっちの傷つくことを言いやがる。その上タチが悪いのは、先公は権力を持っていやがる。生意気だったら停学だ、３回喫煙したら退学だって言ってくる。退学って言ったら一生モノの話だよ？　横暴だよ」と。

岸本は、荒っぽい人物ではあるものの、割とまともに話ができる人として描かれている。そんな人物が、中学までの教育を振り返ってそんな風に語っているシーンは、視聴者も「まあ、確かになぁ」と思ってしまう。だがそんな岸本にも、手を差し伸べてくれた先生がいた。金八先生の同僚の上林先生だった。金八先生は、「リーダー、君に上林先生がいたように、加藤にも俺を預けてくれないか」とお願いをする。リーダーはそれを承諾し、加藤は金八先生に預けられ、真っ当になっていく。

順番は前後するが、ここに行く前に、金八先生に対してある人物が訪ねてきていた。それは、加藤の前の担任である（荒谷二中の）米倉先生だった。その米倉先生が語った言葉こそが、「腐ったミカンの方程式」だった。

「ミカン箱の中にカビの生えたミカンが1つでもあれば、他のミカンにもカビが繁殖し、結果的に全部のミカンがダメになってしまう。同じように、クラスの中に1人でもダメな生徒がいれば、生徒全員がダメになってしまう。だからこそ、腐ったミカンは早めに取り除くべき」

それが、荒谷二中の考え方であり、加藤は「腐ったミカン」として桜中学に放り出されたのだと。自分（＝米倉先生）はその方程式を間違っていると思うが、庇い切れなかったのだ、と。たしかに岸本の言っていた通り、彼らは「出来の悪い生徒」として差別された側だったわけだ。

この「腐ったミカン」発言の根底にあるのは、**「できる生徒とできない生徒の二極化」**だろう。この当時学校に蔓延っていた、**「できる生徒の方を伸ばすのが教育の意義であり、できない生徒ができる生徒の足を引っ張るようなことがあってはいけない」**という価値観を象徴するような考え方だと言える。そしてそんな思想に対して真っ向から反対する存在として、金八先生は描かれている。先ほど加藤に語った「生徒には、授業を受ける権利がある」という考え方は、「腐ったミカンは放り出してもいい」という考え方に対するアンチテーゼになっている。加藤には授業を受ける権利がある。それにも拘《かかわ》らず、加藤が悪い生徒だからという理由で放ってしまうというのは、先生が本当に大切にするべき教育の本質的な部分を放棄していることになりはしないか？　先生が不良だとレッテルを貼って、放っておいていいのか？　金八先生が問いかけるのは、そういうテーマである。これは、社会全体に対する問いかけでもある。要するに**「優**

秀な生徒を伸ばす教育でいいのか？　いろんなきっかけで『不良』と呼ばれる生徒になってしまった10代を、見捨てていいのか？」というものだ。

さて、ちょっと脱線するがこの「金八先生」第2シリーズは、このメインテーマに本気の本気の本気で向き合っていて、「え、そこまで描くの⁉」というくらい突っ込んだ話になっている。加藤のもともとの母校・荒谷二中は依然として「腐ったミカンの方程式」を掲げ、不良や落ちこぼれに対する締め付けをどんどん厳しくしていく。そして荒谷二中の不良は、助けを求めて昔の仲間である加藤の前に現れる。加藤は悩むが、荒谷二中に殴り込み、校長と教頭を放送室に監禁する。視聴者としては「**いや何してるんだ加藤⁉**」という展開だが、学生運動とその後の校内暴力で荒れた時代だったので、この展開も時代背景的には一定程度、理解できなくもない。

そして、ドラマ史に残る名シーンに繋がる。金八先生から言ってもらったことを、荒谷二中の先生たちに語り、「**俺たちと人間として向き合ってくれ**」とお願いする。加藤のその言葉が通じたのか、校長は自分たちの非を認め、謝罪をする。その声を聞いて荒谷二中の生徒は大喜び。「加藤！　加藤！」という声が校内に響き渡るが、そこに急に警察が入ってくる。

ここでいきなり、すべての声・すべての音が消え、中島みゆきの「世情」が流れる。静かな歌でありながら、圧倒的なエネルギーを持つ歌声が流れる中で、画面ではすべてがスローモーションで展開していく。警察に逮捕されるも無抵抗の加藤、逃げ惑いながらも捕まっていく生徒たち、叫ぶ金八先生、そして、移送車に乗せられて送られる加藤のことを、泣きながら走って追う加藤の母親……。

もちろん物語はこのまま終わらず、逮捕された加藤たちに対して、君塚校長の奮闘や放送を聞いていた近隣住民・保護者たちからの声もあり、ちゃんと釈放されて、金八先生が加藤たちと抱き合い、「お前たちは俺の生徒だ！」と力強く言い放ったのであった。

そんなハッピーエンドに終わったにも拘《かかわ》らず、この3分程度の短い映像のインパクトは、強烈だった。本当に多くの人の心に、**この時代の大人の暴力性**が刻まれたワンシーンだったと言っていいだろう。

金八先生の奮闘も、生徒一人ひとりの純粋な想いも、「公権力という圧倒的に大きな力の前には無力になってしまう、ということを表すかのようなシーン。中島みゆきの滔々《とうとう》としているにも拘《かかわ》らず心強い歌声と、それを後押しするようなコーラス合唱。そしてその裏で展開される、無情にして圧倒的な抑圧……。

この当時、体罰も校内暴力も、ある意味では「普通の」ことだった。荒れている学校があるのも「当たり前」として受け入れられ、卒業式のとき、学校に警察が配備されている光景も珍しくなかったという。そんな中で、このドラマは「社会が、不良を作り出しているのではないか」というメッセージを、我々に突き付けた。我々が無関心のうちに肯定している「腐ったミカンの方程式」の持つ暴力性が、このシーンによって浮き彫りになり、当時の世相に一石を投じたと言えるのではないだろうか。

後にも先にも、ここまで社会問題の核心に切り込んだドラマは他にはないだろう。「3年B組金八先生」が32年も続く超長寿ドラマになったのは、このワンシーンのインパクトがあったからだと考えられる。そしてこの時期から、「**熱血で、不良のことを見捨てない先生**」という存在が、かっこいい存在として憧れられるようになって、コンテンツの中での1つのテンプレートとして描かれるようになる。後に続く「**ごくせ**

ん」❹「ＲＯＯＫＩＥＳ」❺などの数多くの学園ドラマが、「金八先生的な」テンプレートで作られるようになっていった。

自分が「金八先生的テンプレート」として捉えているのは、以下のようなものである。

1．不良生徒・問題行動を起こす生徒が現れる。
2．その生徒が不良行為・問題行動を起こすようになった原因は、大人や別の先生にあり、そうした生徒は大人や先生という存在を最初は信じていない。
3．金八先生的な存在がその生徒と向き合い、徐々に生徒が「この先生は違う」と考えるようになり、問題が解決していく。

---

❹「ごくせん」２００２年、日本テレビ系、主演 仲間由紀恵、原作 森本梢子『ごくせん』。第１シリーズの最高視聴率は最終話の23・5％。２００５年に放送された第2シリーズの最高視聴率は最終話の32・5％。２００８年に放送された第3シリーズの最高視聴率は第１話の26・4％。２００９年には映画化された。

❺「ＲＯＯＫＩＥＳ」２００８年、ＴＢＳ系列、主演 佐藤隆太、原作 森田まさのり『ＲＯＯＫＩＥＳ』。最高視聴率は最終話の19・5％。ＴＢＳ系列では38年6ヶ月ぶりとなる、土曜日20時台の連続ドラマ。

このような展開は勧善懲悪的で、他の悪い先生・悪い大人と比べて金八先生的な存在が善の存在として際立たせられるため、ドラマとしては非常にわかりやすいものになっていると考えられる。が、しかしこれは「わかりやすすぎる構図」として近年批判を受けることもある。

第八章で紹介するが、2025年1月放送スタートのドラマ「御上先生」の第2話では、このようなテンプレートについて御上先生が一石を投じる場面がある。**「あの有名な学園ドラマ（＝金八先生）が放送されると、その度に全国の学校が荒れるそうです。良い先生と、それ以外の悪い先生というイメージを作ってしまうから」**と同僚の先生に言うのだ。**いや同じTBSのドラマだけどそんなこと言っていいのか？**という気もするが、「御上先生」はそれまでのドラマへのアンチテーゼとして生まれている面があるので、そういう攻めたシーンも含めて作品だということなのだろう。

そしてこの言葉通り、確かに金八先生的な展開は非常にわかりやすいが、わかりやすすぎて、「悪い先生」というマイナスイメージの存在を作ってしまった面があるとも言える。「できる生徒」と「できない生徒」という二極化に一石を投じた本作品が、**「できない生徒にしっかり向き合う良い先生」と「そうでない悪い先生」という二極化のイメージも生んでしまった**のは皮肉という他ない。もちろん現実はグラデーションがある。良い先生が全ての生徒を良い方向に導けるわけでもなく、生徒指導が淡白な先生も一定の距離を保ったアドバイスができる良い先生だと言えるかもしれない。しかし、ドラマでは悪者は悪者として描いてしまうため、学校の先生に対するイメージが固定化してしまったという面があるかもしれない。

金八先生

「3年B組金八先生」

1 体当たり的で、子供のことを最後まで信じている

2 先生自身にも弱い部分があり、生徒と一緒に成長していく

漱石の描く「先生」

夏目《なつめ》漱石《そうせき》『こころ』

「先生」というキャラクターが登場する文学作品として、夏目漱石の『こころ』が挙げられます。ストーリーはこんな感じですね。

主人公は、ひょんなことから鎌倉で一人の男性と出会う。不思議な魅力がある人で、「先生」と呼んで慕うことになった。主人公は、東京に戻ってからも交友を続けたが、しかし先生には、主人公や奥さんとの間に距離を置くようなところがあった。そして、自分のことを卑下するようなことを言ったり、厭世的なことも言ったりした。そんな様子を不思議に思い、奥さんにも話を聞いてみるが、昔の彼と今の彼が全然違っていて、なぜ変わってしまったのかがわからないと言う。ある日、主人公の元に先生から、過去の罪を告白する手紙が、自殺前の遺書として送られてくる。先生は、親友を裏切って、彼が好きだったお嬢さんと結婚してしまった。そして親友は、そのことを苦にしたのか、自殺してしまった。先生は、親友を死なせてしまったことに対して罪悪感を持っていて、だからこそずっと死ぬ機会を待っていた。35年経《た》って、死ぬことを決意し、この手紙を書いているのだった……。

この物語において、「先生」は非常に理知的で教養あふれる人物でありながら、過去の罪に苛《さいな》まれて生きているというキャラクターになっています。「先生」というのは「先に生きる」と書きます。何かを教えるだけの役割の人というわけではありません。反面教師という言葉があるように、先生の悪いところから自分が勝手に学ぶことも自由なのです。そして、『こころ』の先生は何かを教えるというよりも、「先に生きている自分の人生から何かを学び取って、同じ轍《てつ》を踏まないようにしてくれ」というメッセージを伝える役割の人なのではないか、と考えてしまいます。

そのメッセージは、いろんな解釈があっていいのではないかと思うのですが、自分としては、一番のメッセージは「罪と向き合う姿」なのではないかと考えています。人間は、この社会で生きていく以上、罪を犯さずに生きていくことはできません。どんなに高明な人物でも高潔な人でも、誰かに嘘をつき、裏切り、誰かを傷付けている。その事実に蓋をして生きていくこともできるけれど、それと向き合わなければならないこともある。先生はその想いと向き合って、主人公に最後の手紙を残したわけです。

文学作品において、先生はこのように、若干情けない姿というか、失敗がクローズアップされる場合もあります。これが先生なの？　と読者としては思ってしまう場合もあるかもしれません。しかしそれでも、そこから学ぶことができるのであれば、それはやはり「先生」なのではないかと思います。

第二章

1990～2000年代の ファンタジーな学園ドラマ

先生が主人公の学園ドラマの登場

さて、第二章では1990年代の学園ドラマに関する話をするわけだが、その前に、「学園ドラマのタイトルの付け方」についてお話ししたい。

学園を舞台とするドラマが放送されるとき、そのタイトルは「物語」に焦点を当てるか「先生」に焦点を当てるかの2択によって決まる場合が多い。例えば1970〜80年代まででで多かったのは「熱中時代」**「中学生時代」**❶**「教師びんびん物語」**❷「ROOKIES（ルーキーズ）」のように、その物語のことを示すタイトルが付けられていた。それに対して1990年代になると、どんどん「先生」のことを指す学園ドラマが増えていく。**「ライオン先生」**❸**「さよなら、小津先生」**❹**「伝説の教師」**❺**「ヤンキー母校に帰る」**❻などなど。その他、「ごくせん」も「極道の先生」という意味で「ごくせん」なのでこれも先生に焦点が当たっている。**「GTO」**❼も同様で、**Great Teacher Onizuka**（グレート　ティーチャー　オニヅカ）の頭文字でGTOなので鬼塚先生に焦点が当たっている。おそらくは「3年B組金八先生」の影響なのではないかと考えるが、タイトルからもわかるように、このように「先生」に焦点が当たり、先生自身が主人公になったドラマが増えていったと言える。この傾向は特に1990～2000年代に顕著だが、2011年の「鈴木先生」❽、2024年の「御上先生」も同様のネーミングの仕方になっており、学園ドラマの名前の付け方の1つの潮流になったと言える。

そして、これこそが1990年代以降の学園ドラマの特徴だと言える。新たな流れ

❶「中学生時代」1963年、NHK名古屋放送局制作、主演 重松鷹泰。1962年に放送を開始した「中学生次郎」から「中学生時代」→「高校生時代」→「われら高校生」→「中学生群像」→「中学生日記」とタイトルを変えてシリーズを継続。

❷「教師びんびん物語」、1988年、フジテレビ系列、主演 田原俊彦。最高視聴率は最終話の24・9%。続編「教師びんびん物語II」(1989年)の最終話は視聴率31・0%を記録した。

❸「ライオン先生」2003年、日本テレビ系列、主演 竹中直人。原作 重松清『ライオン先生』。最高視聴率は第1話の7・9%。

❹「さよなら、小津先生」2001年、フジテレビ系列、主演 田村正和。最高視聴率は15・8%。

❺「伝説の教師」2000年、日本テレビ系列。主演 松本人志・中居正広。最高視聴率は第1話の26・1%。原案は松本が手掛け、随所にアドリブの会話パートがある。

❻「ヤンキー母校に帰る」2003年、TBS系列、主演 竹野内豊。最高視聴率は第1話・第5話の15・4%。〝ヤンキー先生〟こと義家弘介氏(元国会議員)を北海道放送が長期取材して制作したドキュメンタリー番組「ヤンキー母校に帰る」を原案として制作。

❼「GTO」1998年、フジテレビ系列、主演 反町隆史、原作 藤沢とおる『GTO』。最高視聴率は最終話の35・7%。第2回日刊スポーツ・ドラマグランプリ作品賞。

❽「鈴木先生」2011年、テレビ東京系列、主演 長谷川博己、原作 武富健治『鈴木先生』。最高視聴率は第1話の2・6%。視聴率こそ振るわなかったが、日本民間放送連盟賞のテレビドラマ番組部門で最優秀賞を受賞し、2013年には劇場版が制作された。

として、「生徒」のドラマから、「先生」のドラマへと移行した。「生徒」というよりも、「先生」に焦点が当てられ、先生の事情に踏み込んだドラマや、妙にキャラ立ちした先生が主人公として登場するようになった。というか、漫画やドラマにおいてメインの主人公が「先生」のものというのは、あまりないものだったと言える。その道を開いたのは、「3年B組金八先生」の「金八先生」であり、それが成功したからという点があるのかもしれない。

1990年代といえば、「先生と生徒の禁断の恋」を描いた物語が花開いた時期でもある。これも、先生の事情に踏み込むものや先生を主人公にしたドラマ・漫画が増えてきた流れの中で生まれたと考えられる。

具体的には、1993年放送の「**高校教師**」❾では男性の先生と女子生徒の恋が描かれ、1999年放送の「**魔女の条件**」❿では優等生の男子生徒と女性の先生との恋が描かれた。それまでの学園モノではある種、先生と生徒の恋愛はタブー視されていたわけだが、バブル崩壊を機に挑戦的なドラマが増えていったという見方もできる。「先生と生徒の恋愛」は、これ以降どんどん描かれるようになっていき、2020年代では割とよくある設定になっていて、例えば「週刊少年ジャンプ」の『**ぼくたちは勉強ができない**』⓫では、主人公が男子高校生で同世代の生徒たちに勉強を教えていくという設定なわけだが、サブキャラの1人でしかなかった女性の先生の読者人気が急上昇し、人気投票でもぶっちぎりで1位になってしまうなど作品自体の方向性が変わることとなった、という話がある。それくらい、「先生と生徒の恋愛」というのはコンテンツの中では一般的な話になっていったわけだが、そのスタートをどこに見るかというと、この1990年代のドラマだったと考えることができるかもしれない。それ以前も漫画『**まいっちんぐマチコ先生**』⓬などの作品はあったが、基本的にはギャグ・コメディの分野だったのに対して、シリアスな男女の恋愛として「先生と生徒の

❾「高校教師」1993年、TBS系列。主演 真田広之・桜井幸子。最高視聴率は最終話の33・0%。

❿「魔女の条件」1999年、TBS系列、主演 松嶋菜々子・滝沢秀明。最高視聴率は最終話の29・5%。第21回ザテレビジョンドラマアカデミー賞 最優秀作品賞。

⓫筒井大志『ぼくたちは勉強ができない』「週刊少年ジャンプ」2017〜2021年、集英社。シリーズ累計発行部数440万部。略称は「ぼく勉」

⓬えびはら武司『まいっちんぐマチコ先生』「少年チャレンジ」1980〜1982年（雑誌休刊）、学習研究社。休刊後は別の雑誌に掲載されたが、やがて連載終了。

恋愛」が描かれたのはこれらの作品が端緒《たんしょ》だったのではないかと考えることができる。

学園ドラマはどんどんファンタジーに

さて、面白いことに「先生」に焦点が当てられるにつれて、自然と、学園ドラマは「ファンタジー」の方向に向かっていくことになった。今紹介した「先生と生徒の恋愛」もある意味ではファンタジーであると言えるし、それ以外のドラマでも同じようにファンタジーが増えていくこととなる。例えば、これと同時期に学校の先生の設定として主流になっていったのが、「元ヤンキー設定」だ。元々ヤンチャをしていた不良が、一念発起して先生になり、自分と同じようにヤンチャな不良生徒に対して更生を促していく、という漫画・ドラマ作品がかなり多くなっていった。

代表的なのが**「GTO」**と**「ごくせん」**だろう。どちらも漫画が原作で、ドラマで大変な人気を博した。「GTO」は1998年に反町隆史主演で放送され、最終話では視聴率35・7%と、「社会現象」と言えるほどの大ヒットだった。大筋のストーリーラインとしては、暴走族上がりの破天荒な新米教師が、問題のある生徒たちと向き合って学校のさまざまな問題に立ち向かっていくというものである。

「ごくせん」は２００２年に放送され、２００８年の第３シリーズでは、第１話の視聴率が26・４%と、こちらもかなり多くの世代がよく観るドラマとなった。「ごくせん」は、ヤンクミと呼ばれる極道の一人娘である主人公が新米教師となり、問題のある生徒と向き合っていくというストーリーだった。「ＧＴＯ」と「ごくせん」は作品の雰囲気などは全然違うが、ストーリーライン自体は主人公が男か女かという点が変わっただけで、構図としてはかなり似た作品になっている。こういうドラマがこの時代にはウケていたと考えることができるだろう。この後のドラマにはなるが、**「ドラゴン桜」**⑬も主人公の桜木先生は元暴走族の破天荒な先生として描かれている。

これは、第一章でお話しした「教育困難校」が問題になる中で、不良漫画が多くなったことも影響しているのかもしれない。**『疾風《かぜ》伝説 特攻《ぶっこみ》の拓《たく》』**⑭**『湘南純愛**

⑬「ドラゴン桜」２００５年、ＴＢＳ系列、主演 阿部寛、原作 三田紀房『ドラゴン桜』。最高視聴率は最終話の20・３%。２００６年度の東京大学の志願者数は、前年と比較して前期で３２１人、後期で３５６人増えた。このドラマの放送の影響と考えられている。

組！』⑮**『今日から俺は!!』**⑯など、不良漫画が増えていく中で、それを抑え込む力を持つ存在としての「元不良の先生」が出てきたのだと言える部分がある。が、それ以上に言えることとして、先生を主人公に据えると、元ヤンキーの設定になりやすいということでもあると言える。

これらの作品は、学園ドラマの形態が変わったということではなく、むしろ今までのドラマの文脈に則《のっと》っている部分が大きかった。第一章でお話しした、「金八先生的テンプレート」である。

1．不良生徒・問題行動を起こす生徒が現れる。
2．その生徒が不良行為・問題行動を起こすようになった原因は、大人や別の先生にあり、そうした生徒は大人や先生という存在を最初は信じていない。
3．金八先生的な存在がその生徒と向き合い、徐々に生徒が「この先生は違う」と考えるようになり、問題が解決していく。

この3番目の「金八先生的な存在」が、「この先生は他の多くの先生と違って自分の気持ちをわかってくれる」と生徒が感じる根拠として、「先生も昔はヤンチャだった」という設定が加わった形だ。そしてもう1つ面白いのは、この「問題解決」の方法として、型破りな先生の方が面白い解決策を取ることができるということである。「問題解決」の手段が独特なドラマの1つに、「ごくせん」が挙げられる。このドラマの場合、毎回1話のドラマの終盤で生徒たちが他の不良生徒からリンチにあったりしてピンチになり、それを主人公が助けに行く。そして、**他の不良生徒をボコボコにする。**主人公は極道の娘なので喧嘩がべらぼうに強いため、不良が束になってかかってきても勝ってしまう。その爽快感がこのドラマを面白くしていたわけだが、冷静に考えると「いや、**その解決方法でいいのか?**」と思わないでもない。**直接的に殴って解決って、先生、それでいいんですか?**


⓮佐木飛朗斗(原作)・所十三(漫画)『疾風伝説 特攻の拓』「週刊少年マガジン」1991〜1997年、講談社。

⓯藤沢とおる『湘南純愛組!』「週刊少年マガジン」1990〜1996年、講談社。

⓰西森博之『今日から俺は!!』「週刊少年サンデー」1988〜1997年、小学館。

「ごくせん」ではこれが1つのテンプレートとして物語が進んでいく。金八先生は他人をぶん殴ったりできなかったため、話し合いで解決していたわけだが、鬼塚先生やヤンクミは**容赦無くぶん殴って解決する。**とはいえ、解決の手段が変わっただけで、テンプレート自体はずっと同じである。

これは学園モノ以外でも言えることだが、1990年代以降はかなり「ファンタジー」な設定のドラマが増えていった。それまでが現実にある程度即した内容だったのに対して、現実では存在しないようなキャラクターや、実際にはあり得ない設定が増えていった。金八先生はどこかの中学を探したらいるかもしれないが、「GTO」の鬼塚先生も「ごくせん」のヤンクミも、実際にはあり得ない存在だ。生徒に焦点が当てられる作品は「ああ、こういう生徒いるよね」と多くの人が感じるのに対して、先生に焦点が当てられる作品は「こんな先生いるわけないよね」と感じられる作品になっていってしまう。これはなかなか面白い話だが、これこそがこの時代の象徴なのではないかという感じもする。

なぜ、こんなにファンタジーの作品が増えていったのか？　その1つの要因は、

1991年、日本における大きな転換点となった出来事、バブルの崩壊かもしれない。これは日本の教育においても大きな転換期となった。それまでは「一生懸命勉強して、いい大学に入学すれば、大手企業に就職することができて、終身雇用にあり付ける。郊外に庭付きの一戸建てで家族と幸せに暮らすことができる」という神話があった。それに対して、バブル崩壊後はそれが保証されない先行き不透明な時代に突入してしまった。高度経済成長期が終わり、イケイケの時代も終わった。教育にもその余波が押し寄せるようになり、これまでの詰め込み教育は今の時代には合っていない、と大きく批判されることとなった。「ゆとり教育」の議論が起こったのもこの時期だ。学習時間を減らし、難しかった内容を簡単にして、ゆとりある教育にしようとした方針である。

これはそれまでの教育方針とは正反対のものであり、その批判を受けてまた方針を転換することになるわけだが、この時期は「何が教育の正解なのか」がわからなくなってしまった時期だと言える。勉強ができればそれでいいというわけでもないし、だからといって「人間力」なんて指標はない。子供はどのように育てるのがいいのか？　ということがわからない時代になってしまった。その中にあって、1990年代から2000年代前半のドラマというのは、かなり「わかりやすい」ものが好まれる傾向があったように感じる。

現実の話として、1990年代から2000年代前半にかけて、不良という存在はどんどん減っていっていた。それよりもむしろ不登校とかネットも絡んだいじめとか、そういう教育に関連する問題が多くなっていた。そんな時代になっているにも拘《かかわ》らず、本来の現実に即したものではなく、ファンタジーが好まれるようになったというのはかなり示唆的だろう。この当時に放送された「金八先生」ではしっかりと「いじめ」「生徒の無気力」といった、新しい時代の教育の問題に向き合うテーマだったのに対して、この時期に生まれたドラマの多くは、むしろオールドな「金八先生的テンプレート」を継承・強化するものだった。

当たり前のように不良生徒たちが学園の中に存在し、それらの生徒を、**体罰が問題になっている時代にあってもなぜか先生自身がぶん殴って解決するというわかりやすすぎる構図**が作られた。先行きがわからない時代にあって爽快感がある「力強い先生像」が求められた。こうした現象はかなり考察のしがいがあると感じる。つまり、**現実の世界の教育から、学園ドラマの方向性が離れた時期**だと言えるわけだ。多くの人が現実の世界ではなく、逃避的なファンタジーとしての学園ドラマを好んだ時期だったと言えるのではないか、と。

少し話は脱線するが、これはビジネス漫画でも当時同じようにファンタジーが流行しており、1994年から連載されていた『**サラリーマン金太郎**』⑰も、型破りな元暴走族のサラリーマンが問題を解決していくというものだった。現実離れした設定の方が求められ、日本全体がファンタジー的なものに救いを求めるようになっていく端緒がこの時期だと言えるのかもしれない。ちなみにこれらの作品も、本章の最初でお話ししたのと同じく**主人公の名前がタイトルになっている**。強い主人公を描く作品は、主人公がぶっ飛びすぎて、ある種のファンタジーになりがちなのかもしれない。

同時に、この時期の教育業界の1つの特徴として、「先生のイメージの低下」が

⑰本宮ひろ志『サラリーマン金太郎』「週刊ヤングジャンプ」1994〜2002年、集英社。

あった。先生のわいせつ行為による処分のニュースが多くなったのはこの時期である。

また、２０００年代からは「モンスターペアレント」という言葉も登場することとなった。先生に対する要求過多な保護者や、子供の境遇に対して文句を言う保護者が増えてきていた。こういった問題がドラマや漫画の中で取り上げられるようになるのは２０００年代後半なので、詳しいことはそちらでお話しするが、やはりこの時期どんどん現実の先生に対して、「あまりいいイメージがない」「頼りない存在」としての認識が大きくなっていってしまったのは疑う余地がないだろう。１９７０～80年代までの熱い先生も、時代を経るごとに少なくなっていってしまった。「金八先生みたいな先生はなかなか現実にはいない」ということに、多くの人が気付き、その反動として、ある種スーパーマン的な先生像が流行《はや》っていったのではないかとも考えられる。

ちなみに、野球モノとして『ＲＯＯＫＩＥＳ』が流行ったのもこの時期である。１９９８年から連載を開始した漫画で、ドラマ化は２００８年。不良学校の生徒たちが甲子園を目指して頑張る、というものであり、先生はとても熱血の教師だった。作品の中で、その先生のことを「今時おマヌで熱い70年代ティーチャー」と批判するシーンがあるが、この「70年代」という言葉もまた示唆的である。そんな風に生徒や読者からも「時代遅れだ」と言われつつも、この漫画・ドラマは大変な人気となった。時代遅れと言われてしまうような先生の漫画・ドラマが流行っていったということを見ると、この時代においてこそ、「70年代教師」が求められていたということになるのではないだろうか。逆に言えば、「そんな先生はもう絶滅危惧種だよね」という感覚の中でドラマが鑑賞されたということになるだろう。

　ここからもわかる通り、この時期の教育ドラマ・コンテンツというのは、「金八先生的な熱い教師」が求められていたと言える。しかも、ある意味で**金八先生以上のスーパーマンが求められていた**ということと同義だと言えるかもしれない。そして**現実の問題を解決してくれるような先生というより、閉塞感《へいそくかん》のある学校教育に対して、スーパーヒーローのような形で解決してくれる存在を求めていた**と言えるのではないか。だからどんどん先生像は現実離れしていくこととなる。学園ドラマ・先生が主人公の物語自体はかなり多く作られたのにも拘《かかわ》らず、それはある意味でのファンタジーとして受け入れられ、先生のイメージアップには繋がらなかった。現実の教師の無力さを浮き彫りにしていく結果となってしまったと言えるのかもしれない。

そしてだからこそ、2000年代後半以降、「先生の限界点」というテーマに真っ向から向き合うような作品がどんどん増えていくこととなる。

鬼塚先生
「GTO」
山口（ヤンクミ）先生
「ごくせん」

1 破天荒で、腕っ節が強く、行動力がありすぎる

2 不良生徒や問題行動を起こす生徒に対して、自身の経験も含めて理解を示す面もある

第三章

2000年代以降のいじめ問題に関するドラマ

学校の先生の負担が激増

第二章でもお話しした通り、2005年以降、先生という存在の限界点が浮き彫りになりつつあった。保護者からのクレームには無力で「モンスターペアレント」なんて言葉もでき、いじめや不登校・学級崩壊などのニュースもどんどん増えていった。ちなみに「モンスターペアレント」というのは、**「モンスターペアレント」❶**というそのままのタイトルのドラマが2008年にも放送されているなど、かなり市民権を得た言葉になり、注目が集まっていた。このドラマ「モンスターペアレント」では、学校に対して理不尽な要求をしてくる保護者に対応する弁護士の奮闘が描かれていた。わけのわからない要望、過保護すぎる保護者……このドラマは多くの視聴者から「学校の先生も大変なんだなあ」という感想と共に迎えられた。

また逆の流れとして、先生に対する同情と同時に、不甲斐《ふがい》ない先生に対する不安と不満が集まっていくこととなった。先生が問題を解決する形式のドラマから、先生が問題を解決できないことに対する不満を語るようなドラマまで登場することとなる。

例えば、2008年放送の**「スクラップ・ティーチャー〜教師再生〜」**❷などはその好例だろう。先生が解決できない問題を、スーパー中学生たちが解決していく。第1話のタイトルが「ダメ教師vsスーパー中学生」であることからもわかる通り、このドラマは教師という存在が現状の問題を解決する存在ではなく、むしろ問題点を広げてしまっている存在であると批判している描写が多い。まあこれも第二章で話したファンタジー的ではあるが、先生がかなり否定的に描かれるようになり始めた時期のドラマとしては大変興味深いと言える。

これらのドラマが描かれるようになった背景として、教育に関する「先生がなかなか防げないような問題」がたくさん起こり始めたということが理由となるが、やはりその中でも一番大きな問題として世間に認知されることになったのは「いじめ」だろう。

❶「モンスターペアレント」2008年、フジテレビ系列、主演 米倉涼子。最高視聴率は第1話の14・2%。
❷「スクラップ・ティーチャー〜教師再生〜」2008年、日本テレビ系列、主演 中島裕翔・山田涼介・知念侑李・有岡大貴。最高視聴率は第5話の13・3%。

「いじめ」という問題に対する学校側の対応は後手後手のことが多く、「なぜ防げなかったのか」と糾弾されることは当然のことながら、いじめを苦に自殺した生徒がいるにも拘《かかわ》らず「いじめはなかった」と学校側が発表し、その不正義に対して世間が怒る、ということが何度も発生した。

保護者としては当然、「先生がもっとしっかりしていればこんなことにはならなかった」と考えるだろうが、この問題は非常に解決が難しいものだった。ネットの普及により、生徒が学校外でどのような会話をしているのか、先生には全く把握できない。ネット掲示板も登場し、学校教育のさまざまな問題はどんどん複雑化してしまった。ネット上にいじめ動画をアップロードする、匿名掲示板で個人攻撃をする、といった「ネットいじめ」も増えていき、それに対する学校側の対応はどれも「後手」だった。担任の先生もいじめ問題を本当に知らなかった、なんてことも少なくなかった。こうした事態に対して完璧な対応を取ることができた学校は、存在しなかったと言ってよい。

その上で難しかったのは、いじめの問題で自殺する生徒もいたことである。当然のことながら、命というのは取り返しがつかない。将来有望な子供の未来が、他の子供、ひいては学校によって奪われることとなるというのは、大きな問題として議論を呼ぶことになった。

いじめ問題に対応し切れない学校

「金八先生」の第4シリーズ❸ではいじめ問題に対しての授業が行われ、生徒をいじめる子、いじめられる子に割り振り、いじめのロールプレイが行われた。その際に、いじめがいかに無意識に行われるのかということを指摘し、この問題の根深さを語っていた。

いじめ問題に関しては、その後ドラマや漫画などのさまざまなコンテンツに登場することとなる。このテーマに切り込んだ作品の特徴としてクローズアップされがちな

❸「3年B組金八先生」（第4シリーズ）1995年、TBS系列、主演 武田鉄矢。最高視聴率は第11話の23・5％。

のは、「いじめ問題に対する先生の無力さ」と「加害者への対応の甘さ」である。

2013年放送のドラマ**「リーガル・ハイ」**❹では、スペシャル版でいじめ問題について触れている。いじめを苦に自殺した生徒のいたクラスの裁判を主人公が担当することになるのである。

リーガルハイは皮肉たっぷりのコメディ色の強いドラマなので、主人公の弁護士である古美門《こみかど》はこのSP版で「金八先生」のワンシーンを痛烈にパロディ化する。

「え〜人という字は、え〜人と人とが、お互いに、支え合って出来ているわけでは……ありません！　1人の人間が、両足を踏ん張って大地に立っている姿の象形文字です。人は1人で生まれ1人で生きていき1人で死んでいきます」

金八先生の名言「人という字は」のパロディである。自分はこのシーンを見て素直に**「そうなんだ……人っていう漢字はそういう成り立ちなのか……知らなかった……」**と思ってしまった。

まじめに考察すると、「金八先生」がここでパロディ化されているのは、今の学校教育の中では金八先生のようなスーパーマンは、もはや存在しないということを表していると考えられる。このドラマでは、とあるクラスでいじめがあったのかどうかが裁判の焦点になる。その中で、先生は古美門の挑発に乗ってブチ切れる。

「教師って仕事は、あんたが思ってるほど単純じゃないんだよ！　教師にはね、やらなきゃならない仕事が山ほどあるの！　無意味な会議！　バカ親どものクレーム処理！　マナーも知らないガキのしつけ！　教育委員会のじじいどものご機嫌取り！　クラスで問題が起きようものなら、授業どころの騒ぎじゃない！　なのに教師は、体罰の1つも許されない！　こんなんで理想なんてどうやって追えばいいんだよ?!　クラス運営を守らなきゃならないの！　それで精いっぱいなんだよ!!」

❹「リーガル・ハイ」（特別企画スペシャルドラマ）2013年4月放送、フジテレビ系列、主演 堺雅人。視聴率は13・5%。第1期（2012年4〜6月）と第2期（2013年10〜12月）の間に放送された。

悲痛な叫びだが、それが現実なのか、と感じさせられてしまうものであった。金八先生のような救ってくれる存在がいじめ問題においては存在しないということを視聴者に印象付ける内容だったと言える。

また、2021年発売のゲーム「LOST JUDGMENT」❺では、元教師が、いじめを苦に自殺した生徒のことを思い出すシーンがある。そこでは、こんなセリフが語られる。

それまで俺は、そんな大層な話じゃないと思ってた。
少しイジリが過ぎただけ、男の子同士じゃれあってるだけ。
そんな俺に、澤くんはこう言ったんだ。
「先生本当に気付いてないの?」ってさ。
まるで俺を憐《あわ》れんでいるような顔だったよ。
彼女が言うには、クラスの半分近くが充をいじめてた。

——Chapter9 贖罪《しょくざい》の業

このように、彼は教師時代に起きたいじめ問題に気付くことができなかった。学校でも、いじめ問題についての主犯格が軽く罰せられるだけで、結局はそこまで大事にはならなかった。学校や先生というものは、いじめ加害者に対して無力である。彼は、それを知っているからこそ、いじめ加害者に私刑を加える行為を続ける「復讐者《ふくしゅうしゃ》」となり、全国のいじめを苦にして自殺した遺族たちと共に、加害者に鉄槌《てっつい》を下すようになった……、という設定だ。それを、主人公たちが追っていく、というストーリーラインになっている。

そんな中で先のシーンは、いじめというものに対して、教師という立場の人間は無力であり、なかなか気付くことができないという状況をうまく表していると言える。

他にも人気漫画『**3月のライオン**』❻でも単行本1巻分以上をかけて中学生のいじめ問題に切り込んでいる。主人公がお世話になっている家庭の次女がいじめられてい

❺「LOST JUDGMENT 裁かれざる記憶」2021年9月、セガ。「龍が如く」シリーズの作品。木村拓哉が主演を務める。
❻羽海野チカ『3月のライオン』「ヤングアニマル」2007年～、白泉社。

る友達を庇ったが、いじめを止められず、友達は転校してしまう。そして今度は自分がいじめられてしまい、担任の先生もそれを見てみぬふり、という始末。結局、担任の先生は心労で倒れ、教職に復帰することはなかったと語られる。そして、後にやってきた先生が、しっかりとこの問題と向き合って対応をしていく。

さて、その過程で、加害者の保護者が「うちの娘がやったっていう証拠は⁉」と言ってきた時に、新しい先生はこう返す。

やった人間は絶対に認めない
周りの人間も　チクッたら次は自分がやられるから口をつぐむ
証拠なんてね　出て来る訳が無い
イジメではね
証拠《そんなの》が無いのが当り前なんですよ
「イジメがあった」と口に出せるのは　被害にあった人間だけです
川本が「イジメがあった」と口にした事が　すでに1つの証拠なんですよ

イジメの問題というのは、こういう難しさがある

ちなみにこの後、この作中のいじめ問題は対応されることになるのだが、いじめ加害者はただ軽く謝っただけで許されることとなる。

それに対して、被害者と加害者の言葉が語られる。

「先生… 私 許さなくてもいいですか? 謝ったら許される位のことで… ちほちゃんが転校しなきゃならなかったなんて そんなのやり切れないから」と切実に言う被害者の女の子。

「『思いやり』…? うーん あんまりピンとこないっていうか… 偽善? みたいななんかぁそれ必要? みたいな」と普通に答える加害者の女の子。

羽海野《うみの》チカ先生の素晴らしい技法で、この2人が左右のコマで対比的に語られることとなり、読者をなんだかやるせない気分にさせる。そして、その2人を見た先生は、こんな独り言を言う。

「教育」とはうまい事言ったもんだよ…
――「教える」に「育てる」か…
「育」の字が無けりゃ　とっくに放り出してるぜ

このシーンが、いじめ編のフィナーレとなるわけだが、これは興味深いセリフで、先生という仕事の限界点を考えさせている。つまり、いじめでは「加害者」の方が社会的に見ても完全に「悪」なわけだが、先生という仕事はその人のことも「育てる」ことが必要になっているということだ。先生という職業をしている人にとって、これはとても難しいポイントだと言えるだろう。

以上のような「いじめ」の描き方は、「被害者が自殺したり、転校したり、心に深い傷を負っているにも拘《かかわ》らず、なぜ加害者を厳罰に処さないのか」「もっと先生がいじめ問題にしっかり対応するべきなのに」という世論を反映していると言える。

これらの流れの中で、それでも先生がその限界を超えて、生徒を導くというドラマもあった。しかもそれは、今までの「金八先生的フォーマット」からは少し違ったものであった。

「女王の教室」という衝撃の問題作

２００５年に放送され、「衝撃の問題作」として未だに語り継がれることの多い、**「女王の教室」**❼について触れたい。これは、女教師の阿久津真矢・タイトルの通り「女王」のような存在と、小学6年生の児童たちとの闘いを描いたものである。

「いい加減目覚めなさい。日本という国は、そういう特権階級の人たちが楽しく幸せに暮らせるように、あなたたち凡人が安い給料で働き、高い税金を払うことで成り立っているんです」

第1話より

❼「女王の教室」２００５年、日本テレビ系列、主演 天海祐希。最高視聴率は最終話の25・3％。平成18年日本民間放送連盟賞 NAB Awards 2006（優秀）。

真っ黒な服を着た女性教師が、小学6年生に対してこんなセリフを言う。徹底的に冷徹な女性教師として描かれ、成績で子供を差別し、教え子たちの秘密を握り、保護者を手懐《てなず》け、子供たちを競争へと駆り立てていく。今まで学校の先生と言えば、社会についてのことやお金に関することなどは言わず、**努力や人を思いやることの大切さ**を伝えてくれる存在として描かれていたのが、このドラマでは**全く逆の存在**として、**社会の黒い部分を伝える人間**として描かれることとなった。この第1話のセリフはとても有名になり、今でもSNSで引用されてバズっているほどである。

しかも、ただ恐ろしい存在ではなく、自分が子供たちにとって乗り越えるべき存在として敵対しており、本来は主人公たちのことを成長させたいと思っていることが語られる。その彼女の哲学が見えるシーンがこちらである。

「愛することと、甘やかすことは違います。12歳の子供なんて、まだ未完成な人間なのよ。その未完成な人間に、媚《こび》を売ったり、彼らを甘やかしたりしてどうするんです

か！　罰を知らないで育った子供は、社会に出ても、問題や事件を起こす大人になるだけです。そういう人間を作らない為に、学校はあるんじゃないですか？　だから私は、ルールを乱したり、反省をしなかった児童には罰を与えます。学校を辞める子が出てきても構いません。他の児童に悪影響を及ぼす子なら、いない方がマシです」

すごいセリフであるが、しかしこれはその当時の人たちに大きな影響を与えた。モンスターペアレントの存在もあって、保護者のことを気にして子供に対して優しい態度を取る先生が多い中で、このセリフはアンチテーゼとして捉えられた。極端な存在ではあるが、しかしこういう教育も必要なのではないか、と思わせてくれるものであった。第1話視聴率14・4％に対して、最終話の視聴率は25・3％とかなり人気の作品になっていった。

ちなみにこれだけシリアスなドラマの中で自分が笑ってしまったのは、終盤、「ひょっとしたらあの先生は自分たちのことを成長させるために、わざと強硬な態度を取っているのではないか」と感じた子供たちが「わざと危ない人たちと関わって暴力を振るわれそうな状態になったら助けてくれるのかを試してみよう」と考えるシーンである。実際に危ない目に遭うタイミングで、子供たちの前に現れる女王。そして彼女は不良をボコボコにする。**「やっぱりその解決方法なんだ!? ごくせんかよ! っていうか、あんたも強いのかよ!!」**という感じであるが、多少やられたりもするので、そこで若干のリアリティが生まれている。とはいえこのシーンの主眼は、子供たちのことをずっと見ていなければ助けに来ることができない、ということで、本当に愛していることがわかるワンシーンである。

それまでは、「問題を抱える生徒たちに対して、今までと違った先生が登場し、その先生が生徒から信頼を得て問題を解決していく」という「金八先生的フォーマット」が取られていた。それに対してこのドラマは、同じようなフォーマットではあるものの、「生徒のことをあえて先生が突き放すような展開」が挟まるようになった。寄り添うだけではなく、あえて突き放すような展開である。それ自体は今までもなかったわけではないが、「女王の教室」はずっとそういう展開であったという意味で、新しい試みだったと言えるだろう。

さて、このドラマの放送後、スペシャル版として「なぜこのような苛烈な教育を是とする女王が誕生したのか」という話が語られた。初めはすごく真面目な先生だったが、子供のことをいじめから守れなかった自分を責めて、教師としての限界に悩み、冷徹な女王になっていく……という過程が描かれる。つまりこのドラマのテーマもまた、**「先生の限界点」**である。先生という存在が今の時代に無力であり、そんな中で先生として本当の意味で生徒を守るには、ここまで極端な存在にならなければいけないのかもしれない……そういうメッセージが込められているのではないかと解釈することができる。

ドラマでは最終的に、女王の行動が問題視され、彼女は「東京都教職員再教育センター」なる架空の組織に行かされることになる（まあつまりは左遷である）。これはある意味では子供たちの勝利であるが、子供たちは女王が自分たちのことを思って強硬な態度を取ってくれたことを知っているため、別れを惜しむ。女王は、自分は先生であることを辞めず、このやり方を変えない、と語る。最終話の展開はぜひみなさんで観てほしいのだが、ラストの初めての女王の笑顔には胸に迫るものがある。

バブル崩壊後、ゆとり教育の議論もあり、教育はどんどん混乱することになっていった。そこにいじめ問題やモンスターペアレントの存在・学級崩壊も加わって、先生の限界点がドラマでも取り沙汰されるようになった。その中にあって、限界点を超えるドラマとしての「女王の教室」はかなり強いメッセージとなったと考えられるだろう。

阿久津先生

「女王の教室」

1 生徒に対して高圧的な態度を取る場合が多く、管理主義でスパルタ

2 徹底的に生徒のことを見ており、24時間ずっと子供のことを考えている

第四章

2000年代後半以降の受験モノの誕生と、学校の先生以外の先生がフィーチャーされる学園ドラマ

「ドラゴン桜」という特異点

2000年代後半、「女王の教室」と同時期に、今や「伝説の受験漫画」と呼ばれるほどの影響力を持つことになる『**ドラゴン桜**』がドラマ化された。これは、2003年から2007年まで連載され、2005年には阿部寛主演でドラマ化され話題となった。内容は、「偏差値が低い底辺高校から、ヤンキーやギャルが1年間一生懸命勉強して、偏差値でトップの東京大学を目指す」というものだった。

偏差値が低いところから東大を目指すという漫画は、実はそれまでにもストーリーとして存在していた。『**ラブひな**』❶というラブコメディ作品でも、主人公が偏差値48から3浪して東大に合格している。だが『ドラゴン桜』はストーリー漫画であるにも拘《かか》わらず学習漫画のように学びのあるシーンが描かれた。実際に名門高校や塾に取材に行き、本当に成績が上がる勉強法がどんどん登場するという今までの漫画の常識から考えると、かなり異色の作品だった。装丁も、漫画というよりは勉強の学習参考書のようなちょっと地味なデザインになっており、学校の図書室や進路指導室に置いても違和感がないように作られている（これについては当時の担当編集者の佐渡島庸平氏が後に意図的にそうしたと語っている）。とにかく異色の作品であり、**ここからの教育関係のドラマの特異点的な存在**になったと言って良いだろう。自分がそう考える理由は主に2つある。「受験モノ」と呼ばれるテーマを作り出したことと、「学校の先生以外の先生」の教育ドラマを生む系譜を作ったこと。この2つである。順番に説明したい。

まず、このドラマ以降、受験をテーマにした作品がたくさん登場することになった。2007年放送の**「受験の神様」**❷、2017年放送の**「下剋上受験」**❸など、「受験モノ」と呼ばれる新しい教育ドラマが登場することになったのである。

とはいえ、ここで1つの疑問がある。受験というものはそれまでの時代もずっと存

❶赤松健『ラブひな』「週刊少年マガジン」1998〜2001年、講談社。
❷「受験の神様」2007年、日本テレビ系列、主演 山口達也。最高視聴率は第1話の14・7%。
❸「下剋上受験」2017年、TBS系列、主演 阿部サダヲ、原作 桜井信一『下剋上受験 両親は中卒 それでも娘は最難関中学を目指した!』。最高視聴率は第1話の10・9%。父娘の中学受験を記録したブログが人気を博し、ノンフィクションで書き下ろされた書籍を原作とする。

在していたのであり、むしろ日本での過熱化は１９６０年代の第一次ベビーブーム世代や１９８０年代の第二次ベビーブーム世代による方が苛烈だったはずである。それがなぜ、この２００５年のタイミングになってやっと受験をテーマにした作品が作られるに至ったのか？　それはおそらく、受験の地域間格差の影響があるのではないかと感じる。

１９８０年代まで、塾・予備校は「都会のもの」というイメージが強かった。現在まで続く大手予備校（代々木ゼミナール・駿台予備学校・河合塾・東進ハイスクール）も、１９９０年代初め頃は地方都市への展開をそこまで進めてはいなかった。その影響もあってか、受験は都会の方で盛り上がっているもの、というイメージが全国的にあったと言われている。

第一章で、「教育ドラマは、大人も子供も自分ごととして見ることができる」という話をした。教育というのは全国どこでも行われていることだ。しかし「大学受験」というものは、全国どこでも同じように行われているものではなかったのである。

そして、この状況が変わってきたのが１９９０年代だった。１９９０年にセンター試験の受験者数は40万人程度だったが、2000年になる頃には53万人を超え、約1・3倍に増えたのである。この状況は、塾産業の発展をその原因の1つと考えることができる。現在でも続く大手塾「東進ハイスクール」は、1991年より全校舎を対象にした衛星授業「サテライブ」を開始している。時代の流れで考えるとかなり早い段階から、現在のYouTubeのように「一流講師の授業を映像化し、全国へとそれを配信する」ということが可能になった。それまでの塾ビジネスでは、どうしても大きな校舎に腕のある「一流講師」を配置し、その講師から話を聞きたい生徒を集めるというモデルでしか運営ができなかった。それが、どんなに小さな村にいたとしても、映像配信であればどんな時でもどこからでも授業を受けることができるようになった。こうした流れもあり、塾・予備校は地方にどんどん進出し、受験者数も増えていった。

ドラマの中の「大学受験」の登場

こうした流れの中で、「大学受験」というものが全国的に広まるようになった結果、

「受験モノ」という新しい教育ドラマが生まれることになった。そのスタートとなったのが、「ドラゴン桜」だった。

このドラマは、フィクションであるにも拘《かかわ》らず、実社会にも大きな影響を与えたものだった。2005年11月に大手予備校が実施した東大模試の受験者数が前年比9～23・6％増になっていたことが2005年12月の読売新聞で報じられている。この理由について、記事の中では関係者が『ドラゴン桜』について言及し、各予備校は本作品の影響を無視できないものとしていた。実際、2006年度東京大学の志願者数は前年と比較して前期で321人、後期で356人増えており、このドラマは実際に「東大に行きたい」という生徒を増やした作品だったと言える。

さて、「ドラゴン桜」がヒットした要因はなんだったのか。この1つには、先ほど述べた「地方と都会の格差」があったのではないかと感じる。

そもそも『ドラゴン桜』は、それまで甲子園モノを代表作としていた漫画家・三田紀房先生が作ったものだ。この三田先生は、岩手県の県立高校の出身であり、一浪して法政大学に入学している。そんな三田先生がこの『ドラゴン桜』を作ったきっかけは、編集者・佐渡島庸平氏との出会いからだったとのこと。佐渡島氏は進学校として名高い兵庫の灘高校から東大に入学後、新卒で講談社に入社し、その最初の仕事が三田紀房先生の新連載を手伝うというものだった。

有名なエピソードを1つ紹介しよう。『ドラゴン桜』の企画会議の折、三田先生は「学校再建モノ、その中でも受験をメインのテーマにした企画をやろうと思うのだが、どうか。例えば、東大受験とか」と佐渡島氏に相談した。結果的にこれはすごく画期的で素晴らしいものだったわけだが、なんと佐渡島氏は最初「**いや、あんまり面白くないと思いますよ。だって、東大って簡単だし**」と述べた。

驚きの発言であるが、佐渡島氏は灘高校から現役で東大に進学しており、受験で苦労して合格するという感覚ではなかったため、このように述べたと言われている。その言葉に三田先生は、「いやいや何を言っているんだ。東大が簡単なわけはないだろう」と言った。が、それに対して佐渡島氏は「いやいや、東大の入試って理系だったらこういう裏技があって……」「そもそも東大の入試問題って教科書の内容しか出なくて、他の難関私大よりもこういう簡単さがあって……」と、自身の受験体験から来る「東大に合格するためのテクニック」を語り出した。三田先生はそれを聞いて、「ちょっと待て、それって面白いんじゃないか？『**東大は簡単だ**』というキャッチコピーで行こう！」とアイデアを思い付いた結果、『ドラゴン桜』は誕生したとのことだった（実際、『ドラゴン桜』の1巻の表紙にも『**東大は簡単だ!!**』とある）。

このエピソード自体が、「地方と都会の格差」を象徴している面があると感じる。岩手県の県立高校ではそもそも「**東大受験をしよう**」とする人が少ない。東大に合格する人が少ないというよりも、東大受験をしようとする人の母数が少ない。東大を受験するという発想そのものが稀有《けう》な環境で育った三田先生にとって、東大は手の届かない存在だ。一方で、佐渡島氏は灘高校から東大に合格した、いわゆる「エリート」と呼ばれるカテゴリーに属する人間である。灘高校は学年の半分以上が東大を目指す超エリート高校であり、そこの人間としては「東大は簡単」という感覚になるのも頷《うなず》ける。

都内に暮らしていれば、珍しいとはいえ、東大生の存在は認知できる。少なくとも東京在住で「東大生・東大卒の人なんて会ったことがない」という状態は、あまりないと言える。関西近辺でも、大阪や京都に住んでいる人で「京大生・京大卒の人なんて会ったことがない」という人は少ないだろう。会ったことがあれば、必然的に目指すという選択肢も増えるだろうが、しかしそれが少なかったわけである。

受験に関する知識も、大きな差があった。地方に塾が作られていった背景があるとはいえ、SNSもまだそこまで発達しておらず、受験のテクニックなどはまだ全然知られていなかった。東大に行く選択肢もなければ、テクニックも知られていない、地域間格差がかなり大きい時期だったと言える。

まとめると、2000年代は特にこの地域間の教育格差・ギャップが大きく、三田先生と佐渡島氏の間にも大きな認識の違いがあった。だからこそ三田先生は「この企画はいける」と思ったというわけだ。あまり認識されていないことだが、『ドラゴン桜』は都心部ではもちろん盛り上がっていたが、それよりも地方でこそ人気だった。都内の受験生の話であるにも拘《かかわ》らず、実際に影響を与えたのは都外の学校だったわけである。先程東大志望の人がかなり増えたという話をしたが、それも特に地方から東大を目指す人が増えたという背景がある。実際東大生に聞いても、都内の学校から東大に来た人はこの作品をあまり見ていないケースも多いが、地方から東大に来た人はかなりの割合で認知している。

さて、「ドラゴン桜」は、今までの受験に対するイメージを壊すものだった。これは三田紀房先生が漫画で「常識と逆のことを言う」という技法を好んでいたことが要因の1つであり、漫画からドラマが作られるにあたってこの要素が強化されたと考えられる。

今までの受験に対するイメージを壊したポイントとして自分が考えるのは3つである。

まず、1980年代までの**「できる子が東大に行く」というイメージを打破**するものだった。この作品では、「できない子」が東大を目指すというコンセプトを掲げている。これが、40代以上の親世代から新鮮なものとして捉えられた。

ちなみにこの作品を象徴するセリフとして「バカとブスこそ東大に行け！」というものがある。自分に誇れるものがない人間こそ東大を目指せという意味であり、「ドラゴン桜」という作品の象徴としてとても有名になった。

「搾取される側の人間になりたくなければ、不満ばかりという人生を送りたくなければ、お前ら勉強しろ！　バカとブスこそ東大に行け！」

ドラマ第1話で桜木先生というキャラクターを象徴したセリフだったわけだが、**実は原作漫画では一言も言われていない。**ドラマ版で初めて作られたものであり、しかも2005年のドラマでも1回しか使われていない（2021年のドラマでは1回）。

そんなセリフであるが、2024年にネット上のバカな投稿や「私ってキレイ?」系の投稿に対して「東大に行け」と言うことで、相手に対して間接的に「バカ」「ブス」と伝えることができる、というネットミームが流行した。**面白いことを考える人がいるなぁ**と思ったものだが、ドラマ版だけで使われているセリフがここまで流行っているのは、この言葉のインパクトがそれだけ強かったことを表しているのだと感じる。

次は、1990年代からの**「金持ちが東大に行く」というイメージの打破**だ。第五章で後述するが、この時期の受験は「高級なもの」というイメージがあった。中学受験でも小学4年生くらいからは塾に行っていないと難しいよね、と言われていた。お金をたくさんかけないと東大合格は難しい、という感覚があったのである。そんな中でも、「ドラゴン桜」は親が裕福なわけでも、頭がいいわけでもない、どんな人間でも、東大を目指してもいいというメッセージになった。漫画では矢島という男子生徒と水野という女子生徒が東大を目指しているが、矢島はお金持ちのボンボン息子で、水野は荒れた家庭の子供として描かれている。これがドラマ版では改変され、矢島は貧しい家庭の出身となっている。この矢島が作品の中心となって物語が進んでいくため、「ドラゴン桜」の主人公は桜木というより矢島のようにイメージする人もいるだろう。このような改変により、**「貧しい家庭からの東大受験」**のイメージが「ドラゴン桜」には付いたと言える。

最後に、**「ゆとり教育の否定・詰め込み教育の復権」**が描かれた。2000年代に入り、ゆとり教育が推進され、詰め込み教育は過去の遺物として扱われるようになった。それに対し、『ドラゴン桜』では漫画版1巻で、「詰め込み教育をずっと推進してきた塾の先生」が登場する。数学のプロフェッショナルとして、柳先生という、竹刀《しない》を持ったいかにも厳しそうなその先生は、詰め込み教育が否定され、閑古鳥が鳴くような状況になっている塾で1人物思いに耽《ふけ》っている。そんな中で桜木先生がやってきて、「先生の力を借りたい」と伝える。それに対して柳先生は、「詰め込みこそ真の教育である。この理念を肯定するなら力を貸してやってもいい」と伝える。桜木先生はそれを承諾し、生徒2人に対して熱い教育をしていくようになる。この展開はまさに、今まで否定するだけだった詰め込み教育を肯定する描き方であり、時代の流れに逆行するものであった。

「ドラゴン桜」は、これら3つの「今までの常識」を否定するものであった。どんなに学力のない生徒でも、どんな地域にいる生徒でも、お金を持っていなくても、東大を目指していい。そんな強烈なメッセージ性があって、受験業界に多大な影響を与えることとなった。

さて、「ドラゴン桜」には今までの学園ドラマと明確に違うポイントが1つある。それは、本章の最初に述べた「ドラゴン桜」の2つ目の特異性——先生が「学校の先生」

ではないということだ。桜木先生は、今までのドラマでよくあった展開の1つである「元ヤンキーの先生」である。元暴走族であり、ドラマ版ではバイクを乗り回すシーンもある。だが、実は桜木先生は「学校の先生」ではない。学校の先生ではなく、塾の先生でもなく、「弁護士先生」である。学校再建のために招聘《しょうへい》された弁護士という設定だ。

「なぜ桜木先生を学校の先生ではなく、弁護士として描いたのか」という問いに対して、インタビューの中で三田先生はこのように語っている。

「言葉というのは、それを誰が言うかによって、説得力が大きく変わる。そこは注意が必要です。『ドラゴン桜』の桜木建二は、教師ではなくて弁護士です。この設定が、彼の言葉の説得力を強くしているのは明らかですね。

弁護士という肩書きは、彼が日本最高峰の難度を誇る試験を突破した人物であり、日頃から丁々発止《ちょうちょうはっし》の言葉のやりとりを飯のタネにしていることを保証します。だからこそ、一介の教師よりも彼の発言のほうに、『さすが』という貫禄が出るのです。

漫画の中で『言葉を立たせる』ためには、その発言をするキャラクターが強烈かつ分かりやすい必要もあるということです」

弁護士という設定の方が、教師よりもセリフに重みが出るということであるが、これは逆に言えば**「普通の教師として設定すると、キャラ立ちしない」**ということである。２０００年以降、学園ドラマでスーパーマンのような先生や実際にはあり得ないような設定の先生が登場したということを述べたが、それでも「教員」として描かれていた。しかし**その一線を、この「ドラゴン桜」は超えた。**教員でないキャラクターを先生にしないと、漫画やドラマでキャラ立ちがなかなかできないということが明らかになったと言える。

実際、桜木先生は金八先生と同じようなフォーマットで問題を解決していく。例えば家が貧乏で働かなければいけないので勉強ができない生徒のためにお金を工面できるよう取り計らったり、弁護士として違法な取り立てをやめさせたりと、いろんな手段で生徒の問題を解決していく。熱血というわけではないが、ちゃんと生徒のためを考えて行動していく。しかし、そこには学校の先生では解決できないような問題も含まれている。弁護士という立場だからこそ解決できるものが多く、先生という存在の無力さを浮き彫りにしているとも言える。

もう1つ、三田先生が別のインタビューで語っているのは「**教員でない方が、言いたいことが言える**」ということだ。教員という存在は、やはりコンプライアンスに囚《とら》われ、言いたいことを言えない。努力の大切さや夢を持つことの大切さを語ることはできても、格差社会の本質や貧困のスパイラルについての授業や、お金や性に関わる講義をすることはできない。それが、教員ではなく弁護士という設定にすることによって「バカとブスこそ東大に行け！」「勉強しないと、一生頭の良い奴らに騙《だま》される」というような、先生であればなかなか言えないようなことを言えるようになっている。

「女王の教室」では、クラスの生徒に対して「勉強しないと一生頭の良い奴らに騙される」というようなことを語るシーンがあるわけだが、それでもそれを言った先生は、最後には左遷されるという結果になってしまった。それに対して、同じようなセリフを、クラス単位ではなく全校生徒に対して言っていたにも拘《かかわ》らず、桜木先生は左遷されなかった。この対比はとても大きい。つまり、学校の先生という存在の限界点が「女王の教室」では描かれていた上で、本職の先生ではできないことを教員ではない存在がやる、ということが「ドラゴン桜」で描かれたわけである。ここでも、先生の限界点が描かれる形になったと言える。

実際、この後の学園ドラマでも、塾の先生だったり、元商社マンだったり、元官僚だったり、「学校の先生以外の存在が先生となる展開」が多い。学校の先生というものに対するリスペクトが減り、学校の先生にだけ教育を任せることはできない、という論調の作品が増えていった。この「ドラゴン桜」は、そういう意味で今までの学園ドラマからの脱却・教員から非教員への流れを作ったのだと言えると感じる。

2017年放送の**「先に生まれただけの僕」**❹も、元商社マンが校長先生として学校を再建していくというドラマだが、普通の先生とは違って上から目線でもなく、建

❹「先に生まれただけの僕」2017年、日本テレビ系列、主演 櫻井翔。最高視聴率は第3話の10・5%。

前で会話しない、という設定になっていて、それが生徒たちの心に響くというシーンが多い。逆に言えば先生という存在は、上から目線で、しかも建前に縛られて会話せざるを得ないというイメージになってしまっているということがわかる。

ちなみに、「ドラゴン桜」ではドラマ版だと桜木先生に感化されて学校の先生が奮闘するような展開があるが、漫画版だと「生徒を思いやる気持ちはあるが頭でっかちな男性教員」「自分の意のままに振る舞う女性教員（名前も**井野真々子**《いのままこ》）」「生徒をしっかり愛してはいるが鈍臭い女性教員」の3人を桜木先生が叱る展開が多い。先生という存在は、むしろ不甲斐ない存在として描かれてしまっていると言える。

最後に、この「ドラゴン桜」は、フィクションとして受け止められたのか、それともノンフィクションとして受け止められたのか、という点に触れたい。第二章で、教育系のドラマが実際の現実に即した作品として受け止められることが少なくなってきたと述べた。「ドラゴン桜」でも、「元暴走族の弁護士」「偏差値35から東大合格」など、あり得ないような展開が多く、多くの人からフィクションとして受け止められたと解釈することができる。しかし、「ドラゴン桜」では実際の東大合格者や塾の有名講師へのインタビューを行って制作されており、リアリティを持たせるための努力もしっかりとなされていた。特に駿台予備学校講師の竹岡広信先生は、この漫画・ドラマの勉強法についてインタビューを受けた上で、『ドラゴン・イングリッシュ』という「ドラゴン桜」でも取り上げられた勉強法を実際の参考書として販売し、3年で16万部を超えるベストセラーとなった。このように、フィクションである「ドラゴン桜」であっても、一定の現実感を伴ったフィクションとして受け止められたと言える。この「**一定の現実感を伴ったフィクション**」というのも、この時代以降の教育ドラマの1つの大きな特徴になっていくのだが、それについては次の章で語りたい。

桜木先生

「ドラゴン桜」

1 **破天荒だが理知的で、元不良で粗暴だが論理的に物事を進める**

2 **現場の先生では言えないような社会の闇をしっかり子供に伝える**

「先生」になるツールは増えている？

内田樹《うちだたつる》『先生はえらい』

今の時代において、実は「先生」と呼べる存在は増えているのではないかと思います。例えばスマホで検索すれば、なんでも答えが出てきます。Yahoo! 知恵袋では先生に質問したかのようになんでも答えが降ってきますし、生成AIはなんでも情報をくれますよね。聞いたことに対して答えをくれる。これは言ってしまえば未来の先生です。IT技術が発達して情報は氾濫《はんらん》していますから、スマホやタブレット、PCは全て先生になる可能性を秘めたツールだと言えますよね。このように、先生の数は時代と共に増えていきます。しかし先生が多ければ多いほど、自分で情報を学び取ろうとする力も重要です。口を開けていれば情報が詰め込まれる世界を当たり前に享受していると、情報を学び取る力が減ってしまうというわけです。
「授業を受ける」という言葉は、英語で表現すると「Take a class」になります。日本語では「受ける」という受動的な言葉ですが、英語では「Take」というのは「取る」という意味であり、能動的な言葉です。日本人は勉強というとつい「やらされるもの」というイメージを持ちますが、実は勉強はこちらが主体の、能動的なものでないといけないのです。

能動的に学ぼうとする姿勢を持っている人の方が、成績も上がりやすいです。このメカニズムについて詳しく書いているのが、内田樹の『先生はえらい』という新書です。僕は中高時代にこの本を読んで人生が変わるくらいの衝撃だったので、少し紹介したいと思います。ざっくり要約すると、「どんな物事も、自分がどう活《い》かすかにかかっている。先生の授業も、本の内容も、世界のさまざまなことは全て、自分が価値を作ることの方が大切である。先生の授業がつまらなくても、本の内容が難しくても、大切なのは受け取る側の態度の方である。受動的に何かを待つのではなく、能動的に情報や価値を取りに行かなければならない。どんなに学ぶことが無さそうな相手であっても、実は先生というのはえらいものなんだ！」というものです。確かに実際、先生から学ぼうという姿勢があれば、どんな物事からでも学べるものです。

先ほどもお話しした通り、今の時代において、先生と呼べる存在は多くなっていると感じます。しかしそんな中だからこそ、「学ぼう」という姿勢を持ち、「先生」と向き合えば、今の時代ならではの学び取れることも多いのかもしれない。そういうふうに考えるために、ぜひ『先生はえらい』も読んでみてもらえればと思います。

第五章

2010年代以降の受験の矛盾を語る教育ドラマ

増えていった「受験モノ」の作品

2010年代の教育ドラマでは、ポスト「ドラゴン桜」として、「塾」や「受験」をテーマにしたものがどんどん増えていった。

「下剋上受験」や**「二月の勝者」❶「高校入試」❷「受験のシンデレラ」❸「ビリギャル」❹**などなど。特に「ビリギャル」は、「ドラゴン桜」とは違って実際にあったノンフィクションであったため、かなり話題になった。

受験ドラマの良いところは、フォーマットとして、最終話で合否を発表できるという点である。「誰が合格するのか」ということが話題になり、最終話に近付くにつれて視聴率が上がっていく。2021年放送の日曜劇場「ドラゴン桜」でも、最終話近くでSNSやYouTubeで「誰が合格するのか」の論争が行われ、それが最終話の視聴率アップに大きく貢献した面があると言える。合格しても嬉《うれ》し涙が流れ、不合格でも悔し涙が流れ、感情が揺れ動き、ドラマがある。受験を題材にした作品にはそういう強みがあり、「ドラゴン桜」以降増えていった背景にはそのような要素があると考えられる。

だが、それと同時にこの時期のドラマでは受験の負の側面に触れるものもかなり多い。純粋な努力を描くようなものというよりも、「教育の商業化」というテーマに一石を投じるものも多くなっていった。「ドラゴン桜」では、さまざまな教育の問題に触れていたわけだが、それでも「受験の矛盾・負の側面」についてはそこまで触れられていなかった。詰め込み教育を肯定し、受験勉強は徹底的に「良いもの」として描かれていた。しかしそこに切り込むようなものが増えていったのである。

時計の針を戻して考えてみよう。まず、塾・予備校が地方に増えるまでの1990年以前のイメージだと、教育は「福祉」の一部とされており、「お金をかけて受けるも

❶「二月の勝者」2021年、日本テレビ系列、主演 柳楽優弥。原作 高瀬志帆『二月の勝者―絶対合格の教室―』。最高視聴率は第1話の9・2%。

❷「高校入試」2012年、フジテレビ系列、主演 長澤まさみ。最高視聴率は第12話の8・1%。脚本は作家の湊かなえ。

❸「受験のシンデレラ」2016年、NHK系列、主演 小泉孝太郎。原作 和田秀樹『受験のシンデレラ』。2008年に公開された映画「受験のシンデレラ」（主演 寺島咲）を元に、NHK BSプレミアムにて連続ドラマ化された。

❹「ビリギャル」2015年、主演 有村架純。原作 坪田信貴『学年ビリのギャルが1年で偏差値を40上げて慶應大学に現役合格した話』。実際に慶應義塾大学に現役合格した小林さやか氏をモデルとするノンフィクション作品をもとに制作された。

の」というイメージは比較的薄めだった。もちろん小学校受験などが都会でも存在していたが、「一部のお金持ちがやるもの」というイメージしかなかった。

だが、第四章でもお話しした1990年代の塾・予備校の全国進出に伴って、無料で受けられるものから、参考書や塾など、「良い教育にはお金がかかる」というイメージが持たれるようになった。東進ハイスクールの映像授業も従来の基準と比べて高めの料金設定で、地方でも一部のお金持ちがターゲットになっていたというのもある。

そしてその中で、大学受験以上に過熱することとなったのが、中学受験である。1980年代に流行したものの1990年代にはバブル崩壊に伴い減少、その後2000年代に再燃し、現在までずっと上り調子で中学受験者数が増えている。子供の数が減っているにも拘《かかわ》らず増え続けていて、2024年には都内の小学生の約半数は中学受験をしていると言われている。少子高齢化の時代ではあるものの、お金を出す大人の数は依然として多い。最近は、中学受験で塾に通う人の中にはおじいちゃん・おばあちゃんからお金を出してもらっている人も多いと言われている。子供が減っていても、塾産業は好調に推移しているわけである。

受験の負の側面を描く作品

こうして塾や予備校が一般化していくにつれて、塾というビジネスがテーマになった作品も2010年代以降には増えていくこととなる。受験の負の側面を描く作品として話題になった作品はいくつかあるが、その1つが2018年に連載開始し、2021年にドラマ化した『**二月の勝者**』という中学受験漫画である。

『二月の勝者』は1話で「**君たちが合格できたのは、父親の『経済力』。そして、母親の『狂気』。**」というセリフがある。中学受験が、子供が頑張ったからうまくいくという類《たぐい》のものではなく、「父親がいくらお金を出せるか、母親がいかに子供を効率的に洗脳できるか」によって成立してしまっている、ということを皮肉ったセリフだと言える。

この作品の中で1つ面白いエピソードは、「親にとって、塾はアプリの課金のようなもの」という話だ。スマホアプリのゲームは、「基本的には無料で遊べるが、課金すれば強い武器やキャラを得るためのガチャが引ける」というものだ。そして塾や予備校も同様で、「学校では無料で教育を受けられるが、塾や予備校にお金を払えばより良い教育が受けられる」というわけである。このように、少子高齢化の時代にあって、教育はどんどん「お金持ちがやるもの」になってきているということを皮肉るようなシーンが描かれ、話題を呼ぶこととなった。

こうした作品が浮き彫りにしているのは、「子供の意思を無視して親が勉強を強制することは良いことなのか」というテーマである。子供の意思を尊重せずに親が勉強を強制する行為は「教育虐待」と呼ばれ、2010年代後半以降でだんだんと認知されるようになっていった。それまでも受験のストレスで自殺する生徒のニュースやそれをテーマにしたドラマや漫画も存在していたわけだが、この時期になってやっとその狂気について触れられるようになってきたわけである。

もう1つ作品を紹介したい。**「太陽と海の教室」**❺である。2008年放送のドラマなのでここで紹介するか迷ったが、時代を先取りするような内容で、受験に特化した学校教育を批判するものであったため、ここで紹介したい。**というか自分がすごく好きなので紹介したい。**

「太陽と海の教室」は、それまでのドラマから考えると本当に異色の作品である。まず舞台設定が、東大合格が当たり前のエリート高校。受験勉強のために邁進することが当たり前で、勉強をしていい大学に行くことが当たり前になっている世界。そんな中で、織田裕二演じる櫻井先生が赴任し、受験ありきの授業ではないことを教えていく。このドラマの中で強調されているのは、「将来何になりたいか」も考えておらず、ただ周りの大人が「勉強しろ」と言うから受験する生徒たちに対する危機感である。

例えば、第3話では、数学の勉強をしているエリート高校生たちに対して、子供がこんなことを聞く。

「お兄ちゃんたち変だね、何を計算してるかわからないの？」

この言葉をきっかけに、高校生の2人は自分たちが計算しているトマトがどんな大

❺「太陽と海の教室」2008年、フジテレビ系列、主演 織田裕二。月9ドラマで最高視聴率は第1話の20・5%。

きさのものなのかを調べるのだが、どんなに計算しても、とんでもない質量を持ったトマトになってしまい、頭を抱えることになる。

そしてその後、自分たちは何のために勉強しているのかわからなくなっていき、破天荒な櫻井先生がそれについて授業を行う、という展開になっていく。このように、なんのために勉強しているのか、どこでどう使うために勉強するのか、頭のいい生徒であってもわかっておらず、ただ受験のために勉強しているという人たちが多い日本の状況を風刺するような展開が多く、それがとても面白いと感じる。

さてこのドラマ、**実は割と賛否両論である。**というのも、ネタバレになるが生徒の1人が死んでしまうのである。**いや、殺す必要はなかったんじゃない？　やっぱりドラマってそういう展開の方が数字取れるのかな？**　という感じであるが、その死をきっかけに、生徒たちはみんな自分の将来を本当に真剣に考え、無思考に難関大学に行こうと思っていた考えを改めて、どんどん自分で進路を選んでいく、という内容になっている。展開の是非は置いておいて、多くの生徒が受験というイベントを重視しすぎて、**勉強の本来の意味や将来について考える時間を失っているのではないか、**ということを描いてくれていると感じる。

総じて、「ドラゴン桜」以降の作品の中では、受験というイベントを肯定的に捉える作品ばかりではなく、**否定的に捉えるものも増えていった**と言えるだろう。

櫻井先生

「太陽と海の教室」

1 **熱血漢だが、掴みどころがなく、飄々《ひょうひょう》としている**

2 **生徒に対して、受験勉強に囚われず本来の意味で勉強することを求める**

五条悟が先生だった理由

芥《あくた》見《み》下《げ》々《げ》『呪術廻戦』

「週刊少年ジャンプ」のバトル漫画である『呪術廻戦』では、五条悟というキャラクターが登場します。呪いが実体となって襲ってくる作品世界において、一言で言うと彼は「最強」のキャラです。本当に冗談抜きで、誰も五条悟には勝てない！　というくらい強いキャラクターです。そんな最強キャラの職業は、「先生」です。普通、『ドラゴンボール』でも『BLEACH』でも『ワンパンマン』でも、最強のキャラクターは職業に就かないか、ヒーローそのものが職業だったりします。なのでこの作中の最強キャラが「先生」というのは、近年の漫画の中ではかなり珍しい設定です。このコラムでは、その点について少し掘り下げてみます。

五条悟は、高校時代の親友との訣別《けつべつ》を経て、自身が最強であることを自覚しながらも、「自分だけが強くても世界は変わらない」と考えるようになります。「俺だけ強くても駄目らしいよ 俺が救えるのは他人に救われる準備がある奴だけだ」と痛感し、そこで彼は、「自分と同じような強い術師を育て、呪術界をより良くする」ことを目的に、東京都立呪術高等専門学校の教師になるという道を選びました。

『呪術廻戦』という漫画のテーマは文字通り「呪いは廻る」です。人は、自分の心の中に秘めたものを外に発露せずにはいられない、それが愛であれ、憎しみであれ、呪いであれ、何かを残さずにはいられない。自分が生きた証《あかし》として、生者に何かを託さないと、死んでも死に切れない。だからこそこの作品では、数多くの遺言が登場します。まあ近年のジャンプ漫画にしては珍しいくらいバタバタと主要キャラが死んでいくわけですが、その死ぬ間際には何かしらの遺言——言ってしまえば「呪い」を相手に預けていくことになります。

その点で言うのであれば、この五条悟が先生なのも、なんとなくわかるような気がします。死ぬ間際に遺言を託すように、自分がこの世からいなくなるときに、なんらかの想いを残したいと願うのは、当然のことです。そして、その「次の世代に何かを残したい」という想いの最たる発露が、「教育」だと言っていいのかもしれません。生きている人に影響を与え、自分以外の存在に何かを成し遂げてほしい。自分の持っているものを相手に伝えて、これからの世の中を作ってほしい。それは1つのエゴであり、呪いだと言っていいのかもしれません。

ネタバレになってしまうのであまり多くは語れませんが、五条悟が最終話で主人公に伝えたことも、1つの呪いだったのだと思います。呪いは廻る。先生が生徒に伝えたことを、今度は生徒が次の世代に渡していく。社会とはそういうものであり、その営みこそが社会を形成している。それはどんなに最強だったとしても関係ない。『呪術廻戦』において、五条悟というキャラクターはそういうことを象徴しているのかもしれませんね。

第六章

2010年代以降の教員を普通の人間とするドラマ

フィーチャーされる普通の先生

受験を題材にしたドラマでは学校の先生が「先生」になることは少なかったが、一方で2010年代以降には、受験以外の形で「先生」の学園ドラマが作られることになっていった。

2010年代以降にドラマの中で登場する先生たちを一言で表すと、「普通」である。2005年の「女王の教室」では強烈なスパルタ教育を行う女性教員、「ドラゴン桜」では元暴走族の弁護士、「太陽と海の教室」でも元エリート商社マンと、すごくキャラ立ちした先生が多かったのに対して、2010年代のドラマは先生たちに過剰なバックボーンを作らず、普通の先生たちがフィーチャーされることになった。2017年放送の「先に生まれただけの僕」は元商社マンが校長になるという設定ではあるものの「先に生まれただけ」というタイトルからもわかる通りスーパーマンという感じではない。2000年代前半にフィクション的な教員ドラマが流行っていたことから考えるとかなり異常な状態のように感じられるが、これにはどのような背景があるのだろうか？

まず、この当時の状況について整理したい。２０００年代から「ゆとり教育」が始まったが、数年でその問題点が浮き彫りになり、その議論は下火になっていった。だからと言って詰め込み教育が復権したということでもなく、２０００年代後半～２０１０年代には第五章でもお話しした通り教育虐待についての批判が徐々に高まるようにもなっていった。その流れの中で、「非認知能力」という言葉もトレンドになっていく。テストを通して点数化できる力であるところの「認知能力」に対して、テストでは測れないような人間的な資質・コミュニケーション能力や我慢強さなどの「非認知能力」も必要なのではないか、という議論である。本書の監修をしてくださっている中山芳一先生はもともと岡山大学でこの研究をしていた第一人者だが、受験における学力だけでなく、こうした「人間力」とでもいうべき資質が求められるようになってきたわけである。

とはいえ、誤解しないでいただきたいのは、並行して「受験のための勉強」も同じように続いていて、「認知能力も必要だ」という論調もずっと根強い。言ってしまえば、先生に対して求められることが多くなったということだろう。昔は、授業の質が高ければ評価され、学力が上がればOKだった。しかしそういった役割はむしろ外部の塾の方に求められるようになり、学力以外の側面も上げることが求められるようになってしまった。しかもこの「非認知能力」は、当たり前であるが、数値化できない。だから非認知能力なわけだが、それ故に「その先生が本当に良い先生なのかどうか」「その学校が良い教育を行っていると言えるのか」ということがわからない時代になってしまったと言える。先が見えない時代の中で、勉強ばかりしていても意味がないよね、という論調もどんどん増えていった。

その流れの中で、昔のヤンキー高校や教育困難校と呼ばれるような学校も減ってきた。わかりやすくグレている人はどんどん減っていくことになる。では教育困難校がなくなったかというとそんなことはなく、外から見てわかりづらい形で存続していくこととなる（それについては第七章でもお話しする）。そんな中で、先生の働き方改革や、教員のブラック労働についての議論も進むようになっていった。

日常の中で戦う、「普通の」先生たち

学校の先生に求められる能力は非常に多様化し、先生も生徒も、それを取り巻く環境がどんどん複雑なものになった。そんな中にあって、ドラマの登場人物たちは、当たり前の日常の中で戦うような先生たちが増えていった。

例えば、2005年から漫画の連載が開始され、2011年に放送された**「鈴木先生」**は、それまでの教育ドラマのタイトル付けの通り、先生にフォーカスした作品だった。しかしこの作品は今までの教育系のドラマと比べるとかなり異質なドラマであり、名前が「鈴木」という日本の中でかなりありふれた名前であることからもわかるとおり、「普通の先生」がテーマになっている。

学校の中で起こる、「よくある問題」「くだらない問題」を、先生が一生懸命解決していく。例えば第2話では、学校の給食メニューから酢豚がなくなってしまうことになり、それを職員会議にかけて全校アンケートを実施する。存続させたいという生徒も多いものの、どうしても酢豚を食べられないという生徒もいる。これはたかが酢豚

の話であるが、「少数の生徒を犠牲にしていいのか？」という問いでもある、と描かれる。今までの学園ドラマでは、暴力事件とか、いじめ問題とか、そういった大きな問題の方がフィーチャーされる傾向があったわけだが、このようにどこにでもある普通の問題をどう解決していくのかが取り沙汰されている。すごく普通の学園を描いたリアリスティックな作品であるが、だからこそ逆に、とても新しかったわけである。

先程からお話ししているように、この時期に先生がフィーチャーされた作品は、どれでも先生はとても「普通の人」として描かれる場合が多い。熱血漢でもなく、元ヤンキーでもない。２０００年代のスーパーヒーローのような先生たちのドラマではなく、普通の人として描かれるようになったのが特徴的だ。１９７０年代のドラマのように熱血というわけでも、２０００年代の「ＧＴＯ」「ごくせん」のような劇的さもないが、素朴に教育と向き合う姿勢が描かれる場合が多くなった。

例えば、ゆとり世代の苦労が描かれた**「ゆとりですがなにか」**❶において、主人公の一人の職業が先生であった。その中で、先生という職業の大変さや人間関係が描かれたわけだが、第３話でこんなセリフがある。

「いい先生じゃなくていいんで、いい人間になってください」

これはこの時期の教育ドラマの根幹にあるセリフのように感じる。スーパーマンのような先生はいなくなった。「良い先生」がなんなのかはわからない。でも、「良い人間」であることはできる。そういう先生像が描かれるようになったと言えるだろう。

では、完全に「金八先生」のようなドラマはなくなったのかというと、そんなことは全くない。2019年放送の**「3年A組　今から皆さんは、人質です」**❷では、この時代に合った形での「熱血」が描かれることとなった。この作品は、最終話の視聴率15・4%と、かなり話題になった作品だった。タイトルからもわかるようにこのドラマは挑戦的な作品であり、3年A組担任の柊《ひいらぎ》先生が、卒業前のある日クラス全員

❶「ゆとりですがなにか」2016年、日本テレビ系列、主演 岡田将生。最高視聴率は第1回の9・4%。脚本は宮藤官九郎。
❷「3年A組 今から皆さんは、人質です」2019年、日本テレビ系列、主演 菅田将暉。最高視聴率は最終話の15・4%。同局「日曜22時30分」枠のドラマにおいて、当時としては最高の最終話視聴率を記録。

を集めて突然「今から皆さんには、人質になってもらいます」と告げ、学校を爆破し、生徒たちを人質に立て籠もり事件を起こすというものである。

柊先生は人質となった生徒たちに、半年前に亡くなった生徒がなぜ死んだのかの真相を探るように指示を出す。ある程度ネタバレになってしまうが、柊先生はガンに冒され、命をかけて真相を暴くことと、生徒たちに「他人の意見に流されず自分の頭で考えて物事の本質を見ること」を教えるためにこの事件を起こしたことが明らかになる。SNSでの誹謗中傷やフェイク動画など、いじめ問題を複雑化している要因に真っ向から挑むために捨て身の状態で授業を行っていく、というストーリーである。これもまたフィクション作品ではあるが、「ドラゴン桜」でもあったように、現実にある問題点に触れていく「地続きなフィクション」だと言える。

この作品に関して、脚本の武藤将吾氏はインタビューの中で、「当初は『熱中時代』のような熱血教師ものがやりたいと考えたが、今の時代にはそぐわないので、情熱を注ぐ教師が必要な状況を作るために、整合性のあるシチュエーションとして、生徒を人質にとって立て籠もるというストーリーを考案した」と語っている。

これは逆に言えば、そこまでしなければ「熱中時代」や「金八先生」のような作品は今の時代には難しいということを表している。**先生のままでは限界であり、捨て身の犯罪者にならなければもう熱血教師は描けない**というわけである。そんな2010年代を経て、いよいよ復活したのが、2021年の日曜劇場「ドラゴン桜」だった。自分も大きく関わったドラマなので、第七章ではここについて触れたい。

鈴木先生

「鈴木先生」

1 ごく普通の先生であり、人間的な葛藤も苦悩もある

2 生徒に対して、きちんと物事を考える習慣を付けさせることを念頭に置いている

柊先生

「3年A組　今から
皆さんは、人質です」

1

熱血精神を自分の中に宿しているが、
それをいざという時にしか表に出さない

2

生徒に対して「考える」ことを求め、
無思考に周りに流される人間になるなと教える

第七章

2020年代以降の最新の学園ドラマ

学歴社会が取り沙汰されるように

ドラマ「ドラゴン桜」以降、「東大生」というものの価値が大きく変わった。それまで、「東大」「東大生」というものは、エンタメの世界とはほど遠いものだった。しかしそれが、「ドラゴン桜」の放送以降、「現役東大生」がテレビ出演やYouTubeで活躍するようになった。それまであまり「東大卒」と表明していなかった芸能人も「東大」という肩書きで仕事をすることが増えるようになっていった。「東大生タレント」の誕生である。２０１０年代から急速に、東大のエンタメ化が進んでいったのである。

例えば、今でも人気が続くYouTubeチャンネル「QuizKnock」は２０１７年から続く登録者数２４５万人を誇る大人気チャンネルで、その代表は東大卒の伊沢拓司氏である。彼はテレビタレントとして大活躍している。

また、「さんまの東大方程式」という番組も有名だ。この番組は、明石家さんまが、東大生40人程度とトークをするというバラエティ番組で、フジテレビ系列でゴールデンタイムに不定期で放送されている。2016年から放送が開始され、2025年現在まで続く名物番組として認知されている。

このような流れの中で、東大生という存在は、どんどん「普通の」存在になっていった。そして、「東大生なんて、頭がいいだけで、社会に出てからは使えない」「学力だけあっても意味がない」というようなネガティブキャンペーンも大きくなっていった。「東大」という存在が、遠くにある存在というよりも、近くにある存在として受け止められるようになったと言える。

では東大ブランドが無くなったのかというと、そんなことは全くない。2010年代後半からは「東大本」と呼ばれる東大生が書いた本がブームになったし、「さんまの東大方程式」と同時期に放送された「東大王」という番組は、クイズに自信のある芸能人チームが現役東大生チームに挑むというものだった。この番組では、「頭が良くてかっこいい東大生像」というイメージも作られるようになった。

そうやって東大生ブームが作られていくのに対して、全く逆の傾向として「Fランク大学（Fランク・つまり最下位クラスの大学）」という蔑称も作られるようになった。

後述するが、少子高齢化とそれに伴う大学全入時代の流れの中で大学に行くのは当たり前になり、その大学が「東大からFランまで」という偏差値によるはっきりとしたヒエラルキーを生むようになった。もちろんそれまでも存在した偏差値によるヒエラルキーではあるが、しかしこの時期になってよりその傾向が色濃くなっていった。YouTubeでも学歴をネタにするような動画が増えていった。

リバイバルする「ドラゴン桜」

そんな流れの中で、満を持して、**「ドラゴン桜２」**が始動することとなった。２０１８年から漫画『ドラゴン桜２』が連載開始し、２０２１年には日曜劇場「ドラゴン桜」（第２シリーズ）が放送された。およそ15年ぶりのドラマ復活であり、有名俳優も多く登場したことでかなりの人気を博すことになった。視聴率も、平均視聴率自体は第１シリーズより劣るものの、最終話の視聴率は20・４％と第１シリーズを超えることとなった。

この「ドラゴン桜2」という作品は、実は「1」の時と大きく異なる部分がある。それは、**自分・西岡壱誠が関わっている**というところである。

なんていうと、「なんて傲慢な奴なんだ」と言われそうであるが、しかしこれはそういう意味ではない。そもそも、なんでただの東大生でしかない西岡壱誠が、「ドラゴン桜2」の編集担当・日曜劇場の監修までやらせてもらえることになったのか、という話である。

実はこれは、先ほど話した『ドラゴン桜』の編集担当である佐渡島氏が大きく関わっている。『1』の時は、佐渡島氏は東大を卒業したばかりの新卒社会人だった。なので、作中に登場する勉強法等も、「東大の友達がやっていたこと」「灘高校時代に東大受験をしたときに聞いた勉強法」を参考にすることができた。しかし、それから15年の月日が流れてしまい、「もう自分は、最近の受験事情はわからないな」と考えるようになったのだ。

しかも、『ドラゴン桜2』は、『1』を受け継ぎつつも、「新しい時代に合わせた勉強法を提示するもの」として作ることを目標にした作品である。2020年入試改革に合わせ、スマホが普及したこの時代の中での勉強法を描くものにしたいとのことだった。**「であれば、新しく今時の学生たちの勉強法を取り入れられるようにする必要があるんじゃないか」**ということで、現役東大生に編集の手伝いをさせる、という構想が浮上したのである。

そこで集められた東大生グループは、「東龍門」という名前で活動することになった。そのグループのリーダーになったのが、何を隠そう自分だったわけである。

自分の役割は非常にシンプルで、集まった東大生グループたちと共に、逆転合格した東大生たちの勉強法を調べて、『ドラゴン桜2』の勉強法に反映させるというものだった。「ドラゴン桜」の影響もあり、逆転合格した東大生たちもどんどん誕生していた。そういった学生にインタビューをして、アンケートを取り、その結果見えてきたものを三田紀房先生に報告し、作品に取り入れる。そういった進行を取り仕切ることになった。

具体的な流れとしては、まず三田先生から「来週はこういう展開にしようと思う」といったお話があり、「そのために、西岡くんたちにはこういうことを調べてほしい」

といったお題が出る。それを僕ら東大生チームが翌週までにリサーチして、次の会議でプレゼンするといった感じだった。

先生から与えられた最初のお題は、今でもよく覚えている。

「いよいよ東大専科にメンバーが集まった。9限目（9話目）からはいよいよ、受験勉強を始めたい。そこで、『東大受験をする際に、まずは何をするべきか』ということを考えて来てほしい」

この言葉を受けて、僕は東大生メンバーを集め、早速会議を開いた。「三田先生こんなこと言ってたけど、どうしようか？」と。

結論から言うと、この会議は、めちゃくちゃ紛糾した。いろんな東大生が、別々のことを言って、収拾が付かなくなってしまったのである。ある人は「英単語からやるべきだ」と言って、違う東大生は「まずは国語の語彙力ではないか」と言って、また違う人は「それよりもまずは勉強の楽しさに触れるべきでは」と言った。東大生は最後の最後まで譲らない頑固者が多いので、「これ、どうやって収拾を付けよう」と悩んだわけだが、そんな中で、誰もが会議に疲れ始めたその時、工学部の東大生がこんなことを言った。

「失礼ですが、この種の議論に意味はあるのでしょうか。私は、データが不足している状態で、何が正しいかなど議論できないと思います。そもそもこの作中の2人はどういう状態なのか、どの科目がどれくらい苦手なのか、わからない状態では、議論しようがありません。まずはデータを収集するところから始めるべきなのでは？」

つまり、そもそもどの勉強法がいいのかというのは、その生徒の状況に応じて変わってきてしまうだろ、という指摘だったわけだ。結局、彼の意見を採用し、まずは大学のセンター試験（共通テスト）を全教科解かせるところからスタートしようという話になったのであった。

このように、我々は『ドラゴン桜』の次の展開についての指示があるたびにディスカッションをした。アンケートを取ったり論文を読んだりしたこともあった。こうして、実際に東大生が作った勉強法を形にするという取り組みを行っていたのが『ドラゴン桜2』だったわけである。

ちなみにこの話には続きがあって、三田先生から「なるほど、よくわかった。じゃあその展開にしよう。であれば、その次の週で、生徒がどの科目で何点取るのか、どの問題で間違えてしまうのかについて展開を描くから、それを考えてきてくれ」と言われ、7科目の成績表を作るというとても大変な作業をすることになるのだが、それはまた別の話である。

連載の途中から、実際に我々東大生が『ドラゴン桜』の勉強法を実施して、そこでの感想や結果を反映させるという活動も行った。そしてそれが、ドラマの方にも反映されることとなっていった。フィクションの作品でしかない『ドラゴン桜』は、本当に現実世界での学生の反応も反映させていくことをしていったわけである。

恥ずかしながら、自分は「リアルドラゴン桜」である。高3になるまで偏差値が低く、学校から東大合格者が出たこともないようなところから、2浪してなんとか東大に合格した人間だ。ずっと、小さい時に観ていた「ドラゴン桜」のように東大に合格する姿を夢見て頑張ってきた。そんな自分にとって、この機会は本当に得難いものだった。

マクロな目線で見るのであれば、現実と空想が合体したのがこの「ドラゴン桜2」だったと言える。今までもお話しした通り、学園モノ・先生モノの漫画・ドラマが、フィクションであるにも拘《かかわ》らず、現実世界に影響を与えるということは何度もあった。「ドラゴン桜」もその1つだったわけだが、そうやって影響を与えられた現実世界の住人が、今度は空想の世界である「ドラゴン桜2」に影響を与えたということである。

そういった意味で、自分はこの仕事に本当に深いやりがいを感じていた。今後の受験生たちに大きな影響を与えるということだからだ。そこに妥協があってはいけないし、自分としてできることを最大限やらせていただかなくてはならないと認識して、本気で頑張った。その結果として、自分1人の頑張りではないが、このドラマは多くの人から評価される作品になった。日曜劇場「ドラゴン桜」は、最終話では第1シリーズの時よりも視聴率が良かった。YouTubeやSNSで取り上げられ、大きな話題になった。

だが、1つ心残りがある。それは、東大受験者を増やすことができなかったということである。第1シリーズでは、第四章でもお話しした通り、東大受験者が多く増えていた。しかし、第2シリーズでは、東大受験者は増えなかった。先ほどの理屈で言えば、「2」の方がリアルで、実際に逆転合格した東大生たちが関わっていたにも拘《かかわ》らず、である。

視聴率も、話題性も、第1シリーズと遜色《そんしょく》ないはずなのに、なぜ受験生は、「ドラゴン桜」を観て東大に行こうという気にならなかったのか。もちろんここには、コンテンツとしてのクオリティの問題もあるかもしれないし、自分の力不足もあるかもしれない。でも、それ以外の要因として考えられることとして、やはり**受験生を取り巻く時代が変わった**のではないかということである。

先ほどもお話しした通り、漫画『ドラゴン桜2』は、三田先生が「今の時代に合わせた『ドラゴン桜』をやろう」と考えたことで作られた作品だ。しかしそれは、『ドラゴン桜』をただ新しくしようとしていたわけではない。『ドラゴン桜』の中で描かれていた勉強法や考え方は、何十年経っても色褪《いろあ》せるものではない。教育において、本質自体は何も変わっていない。しかし、スマホの普及や教育改革などで、教育を取り巻く環境自体は変わっている。中身を完全にアップデートする必要はないが、時代に合わせていく必要はある。だからこそ、時代に合ったものとして、「ドラゴン桜2」を作ろう、ということである。

要するに、「ドラゴン桜2」は、時代は変わったから作られた作品だった。そしてこの時代の変化というのは、とても大きなうねりだったのだろうと自分は考える。日曜劇場「ドラゴン桜」の放送と同時期に流行った概念として、「親ガチャ」という言葉がある。親の年収や家庭環境・与えられた条件の中で生きることを強要されていて、努力してもその環境から逃れることはできない、という考え方である。

東大生は昔に比べて随分ポピュラーになった。かっこいい東大生もメディアによく出るようになった。でも、その人たちに対しての想いは、「自分もこうなりたい」というものではなく、「**自分はこうなれない**」というものだった。メディアに出る多くの東大生たちが、難関の中高一貫校出身者ばかりだった。SNSでは、「東大にはやはり名門高校の人しか入れない」というような意見が多数派で、少しの例外として逆転合格した我々みたいな存在がいるという話があったとしても、多数派の意見にはなかなか勝てなかった。**ファンタジーから現実になった「ドラゴン桜」は、またファンタジーへと戻ってしまった**わけである。

もう1つ、「ドラゴン桜」がファンタジーとして受け入れられた理由について、佐渡島氏はこんな考察を述べていた。

「今、スマートフォンが普及して、いろんな情報に早いうちから触れられるようになった。そしてSNS上では、いろんな人生のメリットとデメリットが目まぐるしく伝えられるようになっている。『この仕事は儲《もう》かるけど激務だ』とか『この仕事はやりがいはあるけど給料が安くて大変だ』とか、プラスの情報だけでなくマイナスな情報も得ようと思えばいくらでも得られるようになっている。

仮に、小説に対していい批評ができる人がいたとする。その人は、小説に対して深い知見を持っていて、様々な作品に対して『ここがいい』『ここがダメだ』と考える能力が高い。では、この人はいい作品を自分の手で作ることができるだろうか？　答えはNOだ。作っている最中に、『ここがダメだ』『このままではいけない』と考えてし

まい、創作することができなくなってしまう。わかっているからこそ、うまく形にできない。

これは、小説ではなく、人生においても同じことが言える。いろんな人生についての情報を得れば得るほど、自分の人生を組み立てるのが難しくなり、挑戦できなくなる。結果、安定的で多くの人が選ぶ道を選んでしまう」

つまり、SNSの発展によって、情報が入りやすくなったことによる弊害が出ているということである。**東大に入ってもバラ色の人生なんて待っていないし、そこに行き着くのは大変な道のり**である。そう考えればこそ、なかなか行動に移して「東大に行きたい」と考える人は少なくなってしまったと言えるのではないかということである。

次の章では、日曜劇場「ドラゴン桜」が、フィクションとして受け止められた世界の中で、自分が考える「これからの先生像」について考察したいと思う。

第八章

次に来る学園ドラマ、先生モノとは

学園ドラマの今後の展開

さて、過去の学園ドラマ・先生モノを総括した上で、これからの時代のことを考えていこう。時代の変化の中で、これからの学園ドラマ・先生モノには、どのような方向性が付与されると考えられるのだろうか？　この章では、自分が考える「これからの先生像」を2つ、紹介したい。

まず、今は「『ドラゴン桜』なんてファンタジーだよね」と考えられるような時代だ。若者から「意欲」がどんどん失われているということがよく取り沙汰されており、今のガツガツしていない若者たちが「Z世代」「サトリ世代」という言葉で括《くく》られるようになった。

かつて教育困難校と呼ばれた学校も、どんどん形を変えてきている。荒れている生徒の数は少なくなり、そもそも学校に来ない不登校の生徒や、学校に週5では通わなくて良い、ネットで完結する通信制高校も増えてきている。

今の学校教育を反映していると考えられるインタビューを1つ紹介したい。東洋経済オンラインで、自分と教育系ライターである濱井正吾さんが「教育困難校の先生にインタビューする」という企画をやっているのだが、その中で、東海地方の偏差値40以下の私立高校で30年、教員をやっている先生にインタビューした内容が衝撃的だった。

「以前は、自分の学校の生徒たちは、男子生徒も女子生徒もみんな、『こんな底辺高校のバカとは付き合いたくない』と言っていたんですよ。それを聞いて自分は、『お前だってこの高校の生徒じゃないか、どの口が言ってるんだよ！』と笑ったものです。ですが、それって裏を返せば生徒がみんな『こんなところには、居続けてはいけない』と考えていたということですよね。やっぱり、『このままじゃいけない』という感覚があって、どこか飢餓感があった。だから自分も、『じゃあ、そのためにもしっかり勉強しようぜ』といった声をかけることができていたんです。そうすることができていたからこそ、実際に頑張って勉強して、ちゃんとした大学に行った生徒もいました。でも、今はそんなことはないですね」

「片親だったり貧乏で親が忙しい家庭の生徒というのは、親が一生懸命働いていると

ころを見ています。だから、まだ子どもも、一生懸命に自分の人生を考えるんです。でも、最近は生活保護世帯の子どもが増えています。そういう家庭の子どもは『身近な大人が、一生懸命じゃなくても生きて行けている』ということを目の当たりにしてしまっているんですよね。そういうマイナスの学びを得てしまっていると、どうしても何かに対して、努力をするということができなくなっていくんですよね。その結果として勉強もせず、学校も不登校気味、という生徒が多い印象があります」

この先生の言っていることを要約すると、「頑張って何かを得よう」という時代ではなくなってきているということである。昔よりも何かに対する飢餓感がなく、夢を持って何かを追うということが時代遅れになってきているというわけである。

夢を諦めさせる先生の登場

このような傾向の中で生まれたのが、２０２３年から連載が始まった『**夢なし先生**

の進路指導』❶である。これは、声優やアイドル・保育士や棋士などの夢を持っている生徒に対して、元キャリアコンサルタントの高校教師である高梨先生・通称「夢なし先生」が、現実的なデータを基にしつつ、その夢がどれほど大変なものなのか、という残酷さを語るという内容になっている。

かつては「ROOKIES」でも「金八先生」でも、生徒の夢を否定することはなかった。しかしこの作品では、先生という大人の立場の人間が夢をしっかりと否定するということが行われている。夢を見せる先生から、**夢を諦めることを促すような先生**も登場しているわけである。この作品がすごいのは、どの夢に関しても綿密な取材を基に描かれていて、各業界のリアルな悩みや苦労が描かれているところである。自分の正直な感想を言ってしまえば、「ついに学園ドラマ・先生モノはここまで来たのか」という感じである。きっとこの「現実路線」の作品はこれからどんどん増えていくことだろうと考える。「金八先生」のような熱血教師ものでも、「GTO」のような

❶笠原真樹『夢なし先生の進路指導』「ビッグコミック　スピリッツ」2023年〜、小学館

ファンタジーの元ヤン先生ものでもなく、これからの1つの先生モノの在り方として、「夢を諦めさせる先生」というのも増えていくのではないかと感じる。

さて、「夢を諦めさせる先生」ばかりになってしまうのはとても物悲しいのだが、それ以外にも、新しい潮流になるのではないかと自分が考えている先生像がある。それが、**「教えない先生」**である。これを紹介するために、2025年1月期のドラマである**「御上先生」**について触れたい。自分は、このドラマに教育監修という形で関わらせていただいており、脚本の監修や、ドラマで使われる問題や教え方の監修をさせていただいた。脚本家の詩森ろば先生や、プロデューサーの飯田和孝さんともディスカッションした。

日曜劇場で学園モノということで、ドラマ的な演出も多いが、根本には詩森先生も飯田Pも、「今の日本の教育に一石を投じるようなものを作りたい」と考えており、それが形になった作品である。かなりの意欲作だと言っていいだろう。

さて、自分が関わっているドラマを贔屓《ひいき》するようで恐縮なのだが、「御上先生」は今までのいろんなドラマにもない、画期的なドラマだと自分は思っている。第一章で紹介したように、「金八先生批判」のシーンがあることからもわかる通り、今までとは違うものを作るという意欲が表れていると感じる。

そもそもの設定からして従来の学園ドラマと一線を画す。東大卒で文部科学省のエリート官僚が、辞令でエリート私立高校の先生になるというもの。今まで「破天荒な先生」とか「元ヤンキーの先生」とかそういう設定はあったが、ここまで「エリート」な設定になっているのはとても珍しい。

その上で、御上先生が受け持つクラスも異質だ。偏差値が高く、学年の多くが東大を志望しているという環境である。今まで、エリート高校が舞台だったドラマというのは少なく、それこそフジテレビで放送された「太陽と海の教室」くらいだった。

第1話の最初のシーン、御上先生は、エリートと呼ばれてきた頭のいい生徒に対して、こんな風に話す。

「テストでいい点を取って、いい大学に行って、他の人よりもちょっといい生活をする。そんなのは、エリートでもなんでもない。ただの、上級国民予備軍だ」

これはとてもインパクトのあるセリフであり、またこのセリフを聞いて生徒も視聴者も「じゃあ御上先生はどうなんだ？　何がしたくてこの学校に来たの？」という疑問を抱く、というシーンになっている。このように、このドラマでは「真のエリート教育とは何か？」ということがテーマの主題に置かれる。2020年代の学校教育や、今まで触れられてこなかったその闇に関して、かなり一石を投じるような内容になっているわけである。

さて、こうした「エリート高校」が舞台になることはドラマとしては少ないという話をしたが、このドラマが作られた背景をもう少し深掘りしてみよう。そもそも、1980年代までは、「みんなが大学に行く」という状況ではなかった。特に地方では高卒の割合も多く、大学に行くのが当たり前ではなかった。それが、2000年代に入ってから、少子化の波もあり、大卒が珍しくなくなってくる。「大学全入時代」という言葉も生まれ、入学者数が入学定員総数を下回る状況になってきている。

少子化の時代にあっても塾業界自体の市場規模は大きくなっていて、中学受験の過熱化もあり、「大学受験でいい大学を目指す」というのがそこまで珍しいものにならなくなってきた。相対的に「Fラン大学」という蔑称も生まれ、より一層「エリート」と「それ以外」が区別されるようになっていった。

その中で、「上級国民」「エリート」に対する批判も強くなっていった。「ドラゴン桜2」でもお話ししたが、「東大卒でも社会に出たら使えない」「勉強だけできても意味がない」という声が高まるようになり、それが東大生たちの有力な就職先というイメージがある「官僚」への批判も多くなった結果、「東大・官僚・エリート・上級国民」などに既得権益として厳しい視線が注がれる傾向が強くなっていった。こういう状況の中で、「御上先生」というドラマは誕生したと考えられる。官僚である主人公が、今の学校教育は間違っている！　と自己批判的なニュアンスも含めて改革を行っていく、というまったく新しい学園ドラマが作られるようになったわけである。

さて、このドラマではいくつか今の学校教育の矛盾に触れているが、その中の1つに「学校でテクニックを教えるのは正しいのか？」というものがある。これについて、少し解説したい。

御上先生の同僚となる是枝先生は、国語の先生である。とても真面目に読解力というものと向き合い、期末試験で新しい問題を自作するほどの人だ。ここで、これがどんな問題だったのかを解説したい。まず、問題は次の通りである。

「問：最後の段落の空欄の中には、この本がどんなコンセプトで作られているのか、どんなことを伝えるための本なのかについてのメッセージが書かれています。文章を読んで、どんなことが書かれているか、160字以内でまとめて答えなさい」

（ちなみに、全然画面に映っていなかったが、これは自分が作った問題である。この問題として選んだのは『思考実験入門』という本の一節である。これは、開成高校から東大に合格し、学校の先生になったという経歴のある前田圭介先生の本を選ぶというこだわりを込めているのだが、おそらく誰にも気付かれていないと思うので、ここで明らかにしておきたい）

これは、とても特殊な問題である。期末試験の出題としてもかなり異質のものだ。

普通、国語の問題であれば「全体の趣旨を踏まえて、この文章を要約しなさい」という問題を作る。しかしそれでは本当の要約力は身に付かない、と是枝先生は拘《こだわ》っている。それではただの言い換え問題になってしまう。だから、この問題のような「全体の文章から、結論部分を推測する」という問題を出している。ここまで作らないと、本質的な読解力を見定めることはできないのではないか、ということである。これを御上先生も評価する、という流れである。

しかし、このような先生の頑張りは、学校の中では評価されない。ここまで拘《こだわ》りを持って問題を作っているにも拘《かか》わらず、是枝先生は、学年の先生からは煙たがられている。実際の学校現場でも、特色のある問題を考えてそれを出しても、同僚の先生から不評だった、という話もある。どんなに教育の本質と向き合った問題を作っても、「実際の大学の入試問題の形式とは違う」「こんな問題、対策の仕様がない」ということで否定されてしまう。つまり、頑張っている先生ほど、否定されがちになっているのが今の教育業界ということである。

その上、国語という科目は特にそうなのだが、非常に悲しいことに、生徒たちはテクニックばかりを求めてしまうという傾向がある。例えば第1話のシーンの中で、是枝先生は授業で生徒たちに対してこんな風に話す。

「『しかし』という接続詞の後ろに重要な文がある、というようなテクニックばかりに頼っていると、本当の読解力は身に付きません。安易にテクニックに逃げないようにしましょう」

そんな風に先生が力説しつつも、頭の良い生徒たちは、文章の中の「しかし」や「でも」といった逆説に○をつけている……という、なんとも悲しいシーンであるが、しかしどこの学校現場でもこのような事態は起こっている。

「『しかし』『でも』などの逆説の接続詞の後ろを読めば答えが出る」というのはとても有名な話だが、それ以外にも「古文では、助詞『を・に・が・ど・ば』があったら主語が変わる」というものがある。これは古文の研究をしている大学の先生に聞くと「まるっきり嘘《うそ》である」とのことなのだが、多くの古文参考書に書かれてしまっているほどポピュラーになっている。

このドラマを作るにあたって、さまざまなエリート学校の先生に取材をした。その際、駒場東邦中学校・高等学校の小原広行先生という国語の先生とも話をしたのだが、そこで先生はこんなことを言っていた。

「漢文でも、どこから仕入れてきたのか、『道徳的なものが正解になりやすく、道徳的に間違っている選択肢は不正解になりやすい』というテクニックを信奉している生徒はとても多い。中学受験を突破するために小さい時から何年も塾に通っている生徒が大半だから、こうしたテクニックばかりを使ってしまうのだろう」

先生の話をまとめると、現場でもこういった問題が発生しているということであり、またその原因になっているのは、**「中学受験を突破するために小さい時から何年も塾に通っている生徒が大半になっている状況」**だということである。

ここまでの流れを整理すると、**多くの学生たち、とりわけいい大学に入って将来**

「エリート」と呼ばれる人たちにとって、勉強とは「テストでいい点数を取るためにあるもの」としてしか受け取られなくなってしまっている、ということが大きな問題だということである。「そもそもなんのために勉強しなければならないか」が抜け落ちていて、テストのための勉強・いい大学に入るための勉強が先行してしまっているのが今の学校教育の現状なのではないか、と。このドラマで描いていたのは、そういった教育の矛盾だったと言える。

そしてそれを助長しているのは、親というファクターも大きい。基本的に保護者も、学校に求めているのは**「いい学歴」**を得ることになっている。本当の意味で学力をつけてほしい、と考えているような「良い親」というのは少なくて、とにかくいい中学・いい大学に行ってくれればそれでいい、という感覚になっている人が多い。そして結局、学校というのもビジネスである。どんなに取り繕っても、子供ではなく親という出資者を見ざるを得ない。「親ウケ」というものから逃れられない。このドラマの脚本である詩森ろば先生は、こうした教育に関する矛盾を描きたかった、と語っている。

さて、もう1つ重要なテーマに触れておきたい。「御上先生」の最大のメッセージは、「**君たちはもう、子供じゃない。考えろ**」というものである。これはドラマのキャッチコピーとしても使われたわけだが、これは今までの教育ドラマとは大きく異なる。「何かを教えるドラマ」から、「子供が考えて答えを出すドラマ」への転換が行われていると言える。

従来の学園ドラマだと、先生が答えを与えるような授業が多かった。先生が生徒に何かを教えて、それを生徒が受け取って、それを学ぶ。しかしそれは、**子供が大人の意見をただ受け入れているに過ぎない**。素直に相手の話を聞くというのは重要だが、しかしそれでは、自分で考えていることにならない。これを御上先生の態度は批判していると言える。

そしてこれは、昨今の教育の流れを反映していると言える。少し脱線するが、2020年代になって急速に進んできた概念として、「**ティーチングよりもコーチング**」という考え方がある。この2つの違いを説明するのには、こんな心理テストがよく用いられる。

川の前で、あなたは飢えた男の人に出会いました。何日も飲まず食わずだと言うその人は、川に泳ぐ魚を物欲しそうに見ていましたが、魚の釣り方を知らないので捕まえることができないのだと言います。

あなたはちょうど、魚の釣り方を知っています。さて、あなたはAとB、どちらの行動を選択しますか?

A　すぐに男の人のために魚を釣ってあげる

B　少し時間はかかるが、男の人に魚の釣り方を教えてあげる

この選択肢がそれぞれ、Ａはティーチング、Ｂはコーチングを表していると言われている。

Ａを選ぶ人の思考としては、「お腹《なか》が空《す》いているんだから、早く魚を釣ってあげた方がいいじゃないか」「その人が魚釣りができるようになるかなんてわからないんだから、すぐに魚を釣ってあげよう」といったところだろう。実際、２０００年代までは小中高などの教育業界においても、ビジネスの世界における新人教育などにおいても、

Aの「ティーチング思考」の方が強かった。「とにかく新人は言われた通りにやればいいんだ」「自分で考えて仕事をするのではなく、私らが考えた通りにやれば結果が出る」という社内教育が徹底されている企業が多く、学校教育も詰め込みという形でそれに倣《なら》っていた。

しかし、令和の時代は、ＡＩが台頭して、誰もが「正しい答え」なんて持っておらず、一人ひとりが考えて仕事をしなければならない変化の激しい時代になってしまった。だからこそ、ティーチングよりもコーチングの方が求められるようになってきた。「言われた通りに仕事しろ」型ではなく、「一緒に考えよう」という、相手にも思考することを求めることが主流になってきたのである。

確かに短期的には、魚を釣ってあげた方が楽だろう。「あんまり考えず、こうすれば成功できるだろ」と言って、時には仕事を一旦、取り上げ手取り足取り教えながら行動させていく方が、即効性がある。しかしその効果は、長期的ではない。魚を釣ってあげ続けないと、また飢え死にしそうな状態に逆戻りしてしまう。いつまで経っても相手が自立せず、それでは教育の意味はない。子供は、自分の足で立つ必要がある。

だからこそ、子供に対して魚の釣り方を教えてあげるような教育が必要だ、と言われるようになってきたわけである。

この視点が、「御上先生」の中でも取り入れられている。御上先生は、作中で何度も生徒に対して「考えてごらん」と言う。生徒から質問されたり答えを教えてほしいと言われた時に、答えを言うのではなく、だからといってはぐらかすのでもなく、ただ「**その答えは、君自身で出せるんじゃないのか**」と言う。魚を釣ってあげるのではなく、釣り方を教えているわけである。

これは、子供を子供扱いしないという態度だと言える。「他人の答え」を自分の答えにしてしまうのではなく、「自分の答え」をしっかりと考え出して持つべきだということである。これは、相手を子供扱いしないということだ。１人の大人として見て、認める。もし先生が間違っているのであれば、生徒が先生に指摘してもいい。そういう態度を貫いている。

これは御上先生の授業スタイルにも表れている。例えば第４話では、御上先生は「間違い探し」という勉強法を行う。数学の問題と答えを黒板に書いた上で、「この解答には5箇所の間違いがある」と言う。

「君たちは、黒板に書いてあることを正解として受け入れて、ただそれをノートに写すことを勉強と呼んでいる。黒板に書いてあることが間違いだなんて思わない。でも、『もしかしたら間違っているんじゃないか』と考えながら解くことで、見えてくることもある」

間違いを探すことで、ただノートに書き写すような勉強をやめるべきだという話である。このように、生徒に答えを教えるのではなく、考えさせるという姿勢を徹底しているのである。言ってしまえば、従来の「教える先生」ではなく、「教えない先生」へと変化しているということである。

逆に言えば、今の教育現場では、生徒のことを、「子供」として扱いすぎているのではないか、という批判もこのシーンには含まれている。

少子化とは、「子供が少ない」という意味ではあるが、それは大人目線の言葉であり、実は子供の目線からすると「大人が多い」ということでもある。

１９６５年で見ると、15歳未満の人口は約２５００万人だった。それに対して、２０２０年には１５００万人ほどとなっているので、子供の数が減っているというのは事実なのだが、これは人口全体を分母とした大人と子供の割合という視点で考えると違ったことが見えてくる。１９６５年の日本の人口は１億人程度で、15歳以上の大人の数は約７５００万人となる。

それが、２０２０年には総人口が１・２５億人程度で、15歳以上の大人の数は約１億１０００万人となる。１人の子供に対して、大人の数が３人しかいなかった時代から、１人の子供に対して７人の大人がいる時代に変化しているわけだ。生徒たち１人に対して関わっている大人の数は昔よりも何倍も多い。

だからこそ、子供は「教わるのが当たり前」になっている。「教えてもらってないから、ここはできない」。そんな風に言って、自分で勉強することがどんどん少なくなっている。「教わったらできる」というのは、「教わらなければできない」ということでもある。教わっていないことがどんどんできなくなっていってしまっている。

そしてそうすると、大人は子供のことを、型に嵌《は》めようとする。子供は大人の思う「良い生徒像」を知り、それに自分を合わせることが増えていってしまう。

このドラマの取材で巣鴨学園の英語の岡田英雅先生とお話しした時、こんなことを言っていた。

「僕ら教育者はね、庭師なんですよ。その生徒の脳のどこに木を植えるのか、どんな花をどこに配置すればいいのかを整理する、庭師。でも、やってはいけないことがある。それは、自分が全然意図していないところに花が咲いてしまったとしても、それを摘み取らず、ちゃんと愛《め》でてあげるということ。こっちが考えていないところに咲いたたんぽぽ。それを、しっかりと育ててあげなければならないわけだ」

大人が思う綺麗《きれい》な庭ではなくなったとしても、大人も想定外のところに咲いたたんぽぽを生かすような教育が必要だ、ということである。だから御上先生は、「ここに花を咲かせよう」という教育ではなく、「どこにこの子が咲かせる『たんぽぽ』があるのか」を探す教育を実践していると言える。

総合して、このドラマは教育業界の大きな転換を象徴するドラマであると言える。エリート教育の実態や、テクニック論に対する批判、ティーチングからコーチングへの転換などなど。時代の変化を象徴するような作品になっていると感じる。そして、この**「教えないスタイル・生徒に考えさせる先生像」**は新しくこれからのドラマ、そして現実世界の先生に受け継がれていくのではないかと感じる。

この作品がどれくらいのインパクトを持って受け入れられたかはまだわからないところではあるが、しかし従来描いていなかった部分にメスを入れるという意味で、斬新に映ってもらえていたら嬉しいと感じる。

御上先生

「御上先生」

1 極めて冷静。人間的な葛藤があまり見えず、機械的で「ＡＩ」と称される

2 生徒を子供扱いせず、大人として接する

生徒はどんどん褒められたくなくなっている？

金間大介《かなまだいすけ》『先生、どうか皆の前でほめないで下さい
——いい子症候群の若者たち』

昔の学園ドラマにおいて、先生から褒められて嬉《うれ》しい、というようなシーンは多かったイメージがあります。「金八先生」でも、「金八先生に褒められたくてやったんだ」ということを言う生徒がいたりするのはザラでした。しかし最近はその逆で、生徒はどんどん褒められたくなくなっているのではないか、という見方があります。そのことについて、このコラムではみなさんにお話ししたいと思います。

まずこの仮説について語っているのが、『先生、どうか皆の前でほめないで下さい』という本です。これは、2022年に発売されて話題になっ

た、イマドキの若者たちがどのように今の世界を捉えているのかをまとめたものです。タイトルの通り、「ほめられたくない、目立ちたくない、埋もれていたい」という若者がどんどん増えていて、褒められたり浮いたりするのを極度に嫌うような生態があるのではないか、ということを報告しています。

この本を書いているのは教育学の専門家ではなく、イノベーション論を研究している金間大介先生です。大学で教鞭を執る立場だからこそ見えてきたことが紹介されています。教育学的な視点ではなく、若者のモチベーションや、社会の変化と今の子供たちとの関係について、深い考察がされており、読んだ人にとっていろんな発見がある一冊です。僕も金間先生とは何度かお話しさせていただいているのですが、非常に理知的で客観的に分析を行っている先生です。

さて、先ほども言いましたが、この本によれば、SNSが発達している今、子供たちは、たとえ肯定的なことであっても、とにかく目立つことを嫌うようになっているのではないか、とのこと。そしてタイトルのように「皆の前で褒めないでほしい」という状態にまでなってしまっているのではないか、と。出る杭《くい》として打たれたくなくて、自信がなくて、目立ちたくなくて、安定を求める。それが今のZ世代の若者たちの特徴なのではないか、と。これを金間先生は本の中で「いい子症候群」と名づけています。

SNSの発達によって、炎上が恐ろしい世の中になってしまいました。ちょっとした失敗で叩《たた》かれるのは当たり前で、目立ってしまえばネットで攻撃されることも多い。そんな中で、とにかく目立たず、とにかく静かに生きていく方がいい、としている学生が多くなっているのではないか、という考察が述べられています。

これから先も、褒められたくないという人が多くなっていってしまうのか、それともその傾向は終わっていくのかはわかりません。わかりませんが、しかし「いい子でありたい」という気持ちは、日本においてこれからどんどん広まっていくのかもしれません。なぜなら、少子高齢化だから。

子供の数が少なく、大人の数が多い。そうすると、子供は自分で考えて何かをするよりも、大人の顔色を窺《うかが》い、大人が望む子供、つまりは「いい子」であろうとする姿勢が強くなってしまう。これはもう、時代の問題です。本来的には「悪い子」の方が、先生に意見をぶつけて環境を変革しようとする意識の高い素晴らしい子かもしれないのに、褒められたくも叱られたくもない「ただのいい子」が増えてしまっていくのかもしれない……。これはとても悲しいことではありつつも、これからの時代において当然の流れなのかもしれません。

それでも、ドラマという観点で言うのであれば、「悪い子」の方がストーリーが面白かったりするんですよね。先生に反抗する生徒が全くいない学園ドラマは面白くないわけです。反抗する生徒がいるから、学園ドラマは成立する。今後、ドラマの中でどんな「悪い子」が出てくるのか、そしてその「悪い子」は世の中にどんな影響を与えるのか、楽しみですね。

第三部

学園ドラマに見る“未来の先生像”とは

西岡壱誠

×

中山芳一

（All HEROs合同会社代表、
IPU・環太平洋大学特命教授、
元岡山大学教育推進機構准教授）

西岡　さて、ここからは元岡山大学准教授で、『教師のための「非認知能力」の育て方』の著者でもいらっしゃる中山芳一先生にお話を伺っていきたいと思います。先生は、学校の先生向けの講演会を年間200回以上行っていて、さまざまな学校のアドバイザー・顧問としても活動されていらっしゃいます。中山先生、よろしくお願いいたします。

中山　よろしくお願いします。

西岡　中山先生は、現在「学校の先生をヒーローにする」をモットーにして先生のブランディング・価値向上のための活動を行う「All HEROs 合同会社」の代表取締役としても活躍されており、教育学者の立場からも教育ドラマを研究していらっしゃいます。今回、先生を主人公にするドラマや学校が舞台のドラマが学校現場にどのような影響を与えてきたのか、また、これからどのように影響を与えていくのかについて、中山先生にお伺いできればと思っています。

中山　西岡さんが本書の中で書いていた通り、先生のイメージというのは、漫画やドラマなどのコンテンツから醸成されている部分が大きく、また実際の先生もそうした物語上の先生からインスピレーションを受けている場合が多いです。自分も教育ドラマが大好きなのですが、こうしたことについて、アカデミックな分野からの意見も含めて、お話ししたいと思っています。

西岡　まずは、本書の内容を整理させてください。1970年代から2010年ぐらいまでどんなドラマがあったのか。ざっくり言うと、「金八先生」があってから、1990～2000年ぐらいは結構真面目に学校の先生っていうのをフィーチャーしている。なんか人間臭い学校の先生とかが出てきたりします。

学校の先生をフィーチャーしたドラマが増えた2000年代前半あたりは、かなりファンタジーな学園ドラマが多くなっていきました。常識的じゃないし、「ありえないだろこれ」みたいな。金八先生は日本のどこかを探したらいるかもしれないけど、ヤンクミはいないでしょっていう。

２０００年代後半になるといじめ問題なんかも取り上げられるようになって、かなり社会派路線のドラマが増えた。そこで描かれていたのは、「学校の先生の限界」だったんですよね。「学校の先生ではこういった問題は解決できませんよね？」っていうところが描かれるような作品が多くて、だから「ドラゴン桜」も桜木先生は弁護士だったわけですよね。

で、２０１０年代からはそれが回帰して、ちゃんと学校の先生にフィーチャーしたドラマが作られ始めた。例えば、「ゆとりですがなにか」ってドラマがあったんですよ。ゆとり世代の先生が教育実習に来た先生に向かって、「いい先生じゃなくていいんで、いい人間になってください」って言うんです。

２０１０年代後半から現在ぐらいまで、「学校の先生像」が多様化してきていて、回帰することもあれば、夢を諦めさせる側に回ったりすることも増えてきている、という流れがあるかなと思います。

中山　そうですね。この流れは、実際の教育業界の流れとマッチする部分が多いですね。ドラマが先か、現実が先か、というのは、「卵が先か鶏が先か」という問いに近いですが。互いに影響を与え合っているのが教育ドラマの特徴と言えると思いますね。

リアル路線のドラマは流行らない？

西岡　中山先生は、今回の本で紹介した中だと、「鈴木先生」がお好きでしたよね。

中山　そうですね。あの作品はとても好きですね。よく自分の講演会とかでも、鈴木先生の話を引用します。

西岡　では、まずは中山先生が好きな「鈴木先生」の良さについてお伺いしたいなと思います。実は、「鈴木先生」って、ドラマ業界全体から見るとかなり異質なドラマなんですよ。だって、給食の酢豚がなくなることについてめちゃくちゃ議論するドラマなんて、それまでなかったじゃないですか。「金八先生」でももっと大きな問題が起こっていたのに、それが現実的なラインに回帰したって意味で、すごく異質なドラマなんですよね。でも、そんなリアルなドラマの視聴率があれだけ良かったっていうのは、「GTO」みたいなファンタジーからの反動だと思うんですけど、そのリアルさが世間から求められていたのかな、と考察しています。

中山　なるほど。これって、学校モノを刑事モノと対比させると、面白いなと思うんですよ。例えば、刑事モノで言えば、「踊る大捜査線」が大人気になりましたよね。織田裕二主演の作品。それまでの、「西部警察」の時代から比べたときに、「踊る大捜査線」って警察の内情をすごいリアルに描いたでしょう。

西岡　そう言われてみると、そうですね。

中山　だから僕は正直、多くの学校モノが「鈴木先生」の路線で行ったらよかったのになって思っているんですよね。

西岡　なるほど。まあでも「踊る大捜査線」も結局、「レインボーブリッジ封鎖できません！」ってスケールがデカくなって、所轄モノではなくなっちゃいましたけどね。

中山　まあ、ドラマって設定としてはどうしても、だんだんスケールが大きくなっちゃうんだと思うんですけど、それでも、今までの刑事モノが見せなかった光景を見せた、という点がウケたんだと思うんですよね。

それでいくと、「鈴木先生」は何を見せてくれたのかと言ったら、まさに日常的な問題をクラスのみんなで話し合うとか、そういう光景なんです。

それに対して象徴的なのは「金八先生」で、この作品は常に金八先生にスポットライトが当たっているから、「金八先生が何を言うか」が常にフォーカスされる。「鈴木先生」の場合は、最後のディスカッションの場面でも、「生徒たちが何を言うか」っていうところに焦点が当たる。あのシーンを描けたのは本当に素晴らしかった。

西岡 それは気付かなかったですね。先生だけにスポットライトが当たっている作品というのはあまりリアルではないわけですね。

中山 そうです。映画で言うと妻夫木聡が教師役をしていた「ブタがいた教室」もありましたね。言わんとしてるのはやっぱり、「子供たちが自分のこととして議論する」ですよね。

西岡 「鈴木先生」以降、リアル路線ってもっと流行ってもよかったんだけど、ちょっと流行らなかったですね。

中山 流行らなかったですね。流行らせ方がわかんなかったのかもしれませんが。

西岡　そうだと思いますよ。「ドラゴン桜」から受験モノが増えたのはわかるんですよ。物語の動かし方がわかったというか。でも、「鈴木先生」と同じ路線は、他のところに持っていけなかったんですよね。

中山　そうですね。「授業」とか「みんなで考える」とか、そういうドラマを作るのは、やっぱり難しいんだと思いますね。

西岡　「踊る大捜査線」でも、連続殺人犯を見逃すけど、万引き家族を逮捕するっていう展開があって。それもまた面白いよねとなったのも、ある種「おっきい事件を描けたから」なんですよね。

中山　そうそう、あれは、「おっきい事件は警視庁が、ちっちゃい事件は所轄が」っていう対立構造も明確でしたね。そういう意味で、対立構造を作るとドラマとしては成立しやすい。「金八先生」にも嫌な先生と金八先生側の先生がいたし、「GTO」もそうだった。

西岡　とはいえ、「金八先生」も第1〜第2シリーズぐらいは、単なる対立構造じゃなくて、ちゃんとみんな苦悩しながら金八先生と一緒に頑張るって感じで、そこが結構泣けるんですがね。

そういう意味では、昔の教育ドラマって、そこまでフィクションじゃなかったというか、先生をちゃんと1人の人間として扱っていたと思うんですよ。それが狂い出しちゃったのが、多分1990〜2000年代くらいの、ファンタジーなドラマからです。「ごくせん」や「GTO」を悪く言いたくはないですけど、あれを教育ドラマとして扱ったから、ちょっと歪《ひず》みが出たんじゃないかなと思います。先生モノでも刑事モノでも多分同じで、「どこまでファンタジーでいいのか」って話だと思うんですよね。

中山　それが、教育ドラマの限界点なのかもしれないですね。リアル路線だけだと面白くなくて、ファンタジー要素だけだと批判がある。いかにそれを融合させられるのかが、教育ドラマの難しさであり、同時に面白いところだとも言える。「ドラゴン桜」はその点ではうまく融合していたと言えるかもしれないですね。「偏差値が低いヤンキーやギャルが1年で東大に行く」というファンタジーを、リアルな勉強法で融合させている、という点において、どちらもいいところどりをしていますよね。

西岡 ありがとうございます。それが、あのドラマがウケた要因の1つかもしれませんね。

ドラマの中の先生のイメージの低下が、先生になりたい人を減らした？

西岡 ちょっと話は変わるんですけど、やっぱり2010年代以降のドラマって、学校の先生じゃない存在が学校教育に入っていく話というか、もう言ってしまえば学校の先生は邪魔者みたいな設定が多くなっていますよね。

中山 ああ、変化を嫌う存在の象徴として描かれることが多くなりましたね。

西岡　これについてはどう思いますか？　やっぱり2010年以降、明確に、学校の先生が悪く描かれるようになったなと思うんですよね。「先に生まれただけの僕」も、主演の櫻井翔さんの役は元商社マンだったりして、明確に対立構造の中での「悪役」の側に置かれることが多くなったなと。

中山　これについては、実際の世の中的に「学校が本当に変わっていかなきゃいけないよね」っていうターニングポイントを迎えていく中で、学校の内部の先生が何かをするというよりも、「外部の人がやってきてその役割を担ってくれる」ということへの期待があったんだなと見ています。

西岡　なるほど。現実世界の中の鬱憤《うっぷん》みたいなものが、ドラマの中で晴らされることになったというわけですね。

中山　そうです。当然ドラマだから、その人への対抗勢力が登場するわけなんですが、そうすると必然的に学校の先生が敵役として描かれることになります。だから、どちらかと言えば、学校の改革の「スピード」が求められていたんだと思いますよ。学校が変わらないといけないいんだけど、学校の先生が内側からコツコツやっていても限界があるよね、だから外側から違う立場の人がやってきて一気に変えていくぞ、みたいな話が描かれているのかなと。

西岡 それと同時に、学校の先生たちの成り手が減っていったという背景がありますよね。

中山 まさにそうです。公立学校教員採用選考試験での学校教員の競争率の推移を見ると一目瞭然で、明らかに2010年代に入ってから、倍率も受験者数も減ってしまっています（次ページ図参照）。

学校の先生のイメージの悪化が、先生になりたいという人の数を少なくしてしまったのではないかと考えることができます。そしてこの先生のイメージの悪化は、そのまま教育ドラマにも反映されていますよね。

西岡　ヒーローになるような先生像がなくなって、先生になりたいという人の割合も減っていったという背景があるわけですね。

中山　そして、当たり前ですがなりたいという人の数が少ないと、競争の原理も働かなくなり、どんどん先生の質は落ちてしまいます。自分もよく、教育委員会や私立学校など、先生の採用をしているような方たちとお話ししますが、やはり先生のクオリティの低下を嘆かれることが多いです。日本におい

図　総計受験者数・採用者数・競争率（採用倍率）の推移

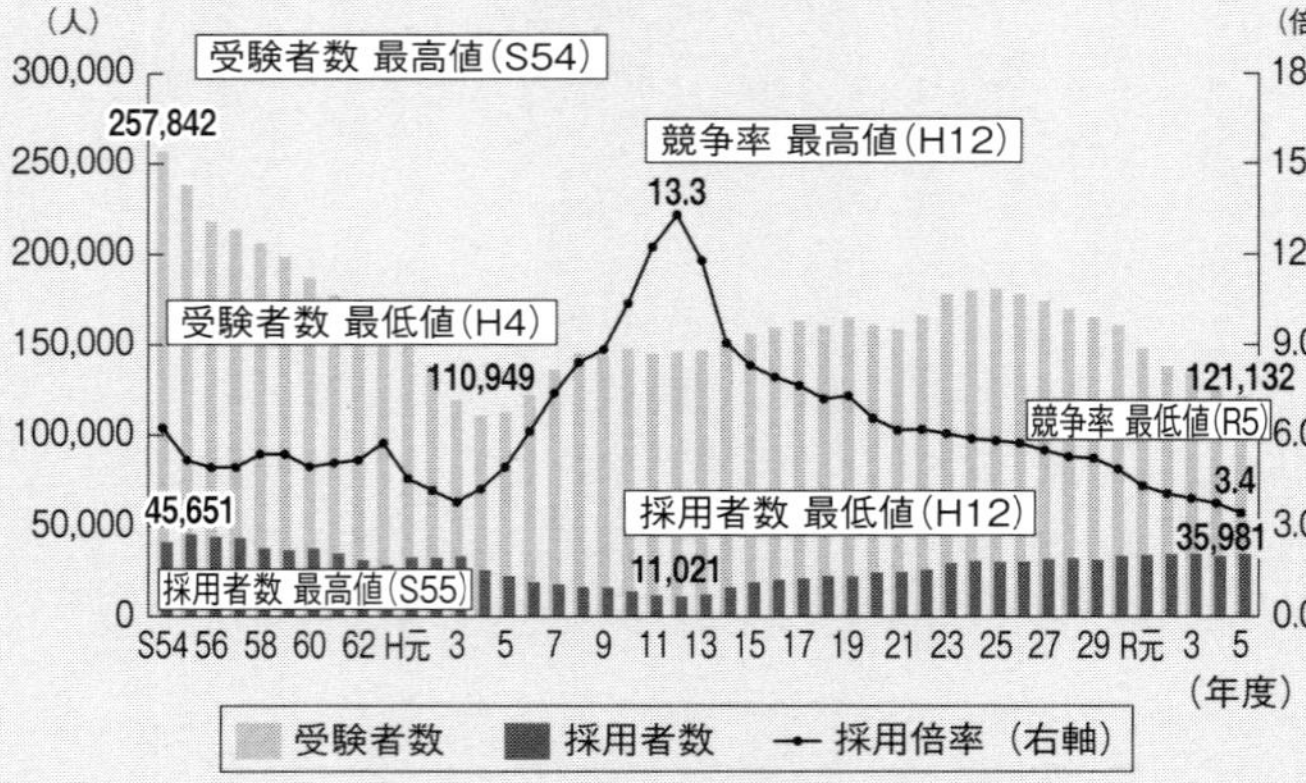

（注）「総計」は小学校、中学校、高等学校、特別支援学校、養護教諭、栄養教諭の合計
（引用）https://reseed.resemom.jp/article/2023/12/26/7870.html

て、先生になりたいという人が少なくなっているというのは大きな問題なんです。だからこそ、先生たちのイメージを上げるようなドラマが求められているのではないかと自分は考えています。「御上先生」がそうなってくれると嬉しいんですけれど。

西岡 なるほど。うーん、これは僕の個人的な見解なんですけど、「御上先生」のようなドラマが作られるようになったターニングポイントって、「女王の教室」からの気がしているんですよね。あれはすごく挑戦的なドラマだったし、当時のPTAも否定するような流れとかもあったりするぐらい強烈なドラマだったんですけど、だからこそ今でも語り継がれて、話題に上りますし。

中山 そうですね。実は自分は、「女王の教室」を書いた人は、ものすごく学校が好きな人だったんじゃないかなと思ってるんですよ。自分はあのドラマからは、学校とか先生とかに対する愛情しか感じませんから。

西岡　え？　それ、どういうことですか？　もっと詳しく聞いていいですか？

中山　「女王の教室」とそれ以外のドラマとの決定的な違いは、天海祐希さんが「小学校の先生」だったってことですよね。元々小学校の先生として働いていて、結局はいろいろ抱えちゃって、その結果「教師再教育センター」に行くことになって……。

西岡　出た、謎の組織。独自の設定すぎて笑っちゃいますけどね、「再教育センター」って。

中山　そうですね（笑）。でも、あの「女王」の彼女が、「ドラゴン桜」の桜木先生や「先に生まれただけの僕」の鳴海先生と決定的に違うのは、彼女が学校の先生として、究極の専門性を発揮したらああなったっていうところなんですよ。僕に言わせると、あれができたら、もう教師としては最強でしょう。だからこそ「女王の教室」は、「学校が変わんなきゃいけないよね」っていうことより、「学校の先生ってこうあってほしいよね」って姿を描いた作品なんだと思います。

西岡　そこ、もうちょっと具体的に知りたいです。

中山　さっき西岡さんは、「ごくせん」や「GTO」をファンタジーだっていう風に表現していたけれど、「女王の教室」を本当に教育現場でやろうと思ったら……言い方を変えると、それを本当に教師の専門性として発揮しようとしたならば、24時間365日、子供たちを監視するくらいのことをしないといけないんですよ。しかも「女王」の彼女は、自分が赴任する前、6年生のクラスができる前の段階からめちゃくちゃ把握しているでしょう。本当はあんなことができる教師が理想なんです。あれこそが本来的に先生方に求められる「専門性」なんだと思っています。

西岡　そうか。確かに彼女は、365日、本当にいつでも見守っていて、ちゃんと守ろうとしてくれていますもんね。

中山　今の感覚で言うと、働き方改革とかを無視して、とにかく生徒に真摯に向き合ったら、ああなるんだと思うんですよ。逆に今の感覚で言えばあれはあり得ないものですが。だから当時、一部の教育学者の間で「学校の先生ってここまでやんなきゃいけないの？」って議論になったんだけど。

西岡　ですね。議論の種になった記憶があります。その現象については、中山先生はどう思っていたんですか？

中山　少し過激なことを言いますが、あれは現場の先生たちではなく、そこから距離のあった教育学者の先生ばかりが食いついていたように感じています。教育において難しいのは、教育に携わる人たちの数が多く、実際に現場で毎日生徒と向き合っている先生とそうでない先生との間に、大きな乖離《かいり》があると言うことなんです。

西岡　ああ、それはありますね。大学で教育学を研究しているけれど先生としては教壇に立っていない人とか、塾経営者だけど生徒と毎日接していないわけではない人とか……。

中山　それよりも、もっともっと広いと自分は思っていますよ。親御さんだってPTAに入っている人であれば立派な「教育に携わる人」ですし、日本において義務教育を受けたことがない人はいないでしょうから、話そうと思えば話せてしまいます。そういう人も含めて言えば、教育については話題にしやすい。そしてその中で、あのドラマに反応していたのは、現場を知らない人だったと考察しているんです。

西岡　なるほど。

中山　現場の先生たちは、「あり方としてはあれが理想だ」ってわかっていますからね。24時間365日、子供たちのことを考えてあげられたらいいよねって、誰でも思っていますもん。でも、現実では難しい。そういった意味で、あれほど真摯に実践者を描いてくれたドラマはなかなかないんじゃないかと思います。それを現場の先生たちはよくわかっているんだと思いますよ。

西岡　それこそ、フィクションとリアルの間として適切だったたってことなんですかね。

中山　例えば、「ドラゴン桜」は受験生側に焦点が当たって、実際に偏差値35から東大に受かる西岡さんみたいな人はリアルにいますよね。でも、「女王の教室」の天海祐希は、どう考えてもあり得ない。どちらかというと医療ドラマに近いんだと思うんですよ。「ドクターX」の大門未知子みたいな。

西岡　ああ、しっくりきますね。

中山　あれは、どう考えても現実世界では無理なんだけど、スタンスとしてはそうありたいよね、みたいな姿だと思うんですが、僕は「女王の教室」の天海祐希をまさにそういう感じで見ていました。だけど「ドラゴン桜」の場合、桜木先生よりむしろ生徒側に目を向けた時に、現実にそういうことをやれる人たちが出てくるわけです。そこに決定的な違いがあると思います。

これからの教育ドラマのあり方とは？

西岡　次に、これからの教育ドラマのあり方の話をお聞かせください。中山先生が思うに、これからの教育ドラマとして、どんなドラマが作られてほしいですか？

中山　そうですね。まず、自分の願いとしては、「学校の先生がかっこいい」というプラスのイメージを持てるようなドラマがもう一度多く生まれてほしいと思います。それは今の教育業界の中でとても大切なことでしょう。

西岡　そうですね。

中山　その上で、「女王の教室」にしても「鈴木先生」にしても、描ききれなかったところがあると思っていて、それが、授業のシーンなんですよ。

西岡　授業ですか。

中山　学校生活の8割は、授業で成立しています。でも、学園モノのドラマって、授業の描き方がなっていない場合が多いです。これは昔のドラマですから仕方がない面が強いとは思いつつ、「金八先生」を今観ると、教育学者としてはちょっと観ていられないな、って思うことが多いです。

西岡　「金八先生」と言えば、「人という字は支え合って……」って授業が有名ですが、それが今の学校現場とはマッチしていないということですね？　どういうポイントでそう思いますか？

中山　先生が喋《しゃべ》りすぎです。

西岡　あー、なるほど。それはそうかもしれないですね……。

中山　「金八先生」に限った話ではないですが、教育ドラマで授業中のシーンが流れていると、ステレオタイプな学校の授業をやっているんですよね。教科書を読ませたりして、出席番号で生徒に当てたりして。申し訳ないですけど、あんな授業じゃダメでしょう。学校を舞台にドラマをやるんだったら、特に今の時代は、授業の形が変わってきていますから、それにはちゃんと対応してほしいと思います。

西岡　うーん。ただ、これは『ドラゴン桜』の三田紀房先生もよくおっしゃっていることなんですけど、普通に授業するシーンは、画《え》の変化に乏しいんですすよ。画角も変わらないし、ドラマもない。だから、物語的には面白くなりにくいため、省かれる場合が多いんですよね。

中山　いや、自分が言いたいのはそういうことじゃないんです。別に授業にフォーカスしなくてもいいんだけど、いまだに教科書を音読しているっていう、その古い「当たり前の授業風景」をやめてほしい、って話なんです。

西岡　あ、なるほど。確かに今ってそんな授業ほとんどないですもんね。

中山　そうそう。今の授業っていうのは、生徒同士でディスカッションをしたり、みんなでＩＣＴを使いながら知識を深めたりとか、そういう当たり前の風景を当たり前に映してほしいわけです。でも、なんで未だに生徒に教科書を読ませているんだ、って話なんです。そんな授業をやってる学校なんてもうないよ、と。ドラマで授業風景を映した時、10代とか20代の子たちは「そうそう、こんな感じだよね」と思って、僕らぐらいの世代の親が「なにこれ、今の授業ってこうなの？」って思うくらいの「今」の光景を、ちゃんと出してほしいんですよ。

西岡　あー、「はい西岡！」で生徒が音読して、「じゃあ次！　中山！」って、そんな授業ないですもんね。でも、割と最近のドラマでもそんなシーンが当たり前になってしまっている部分が多いですね。

中山　逆に聞きたいんですけど、あれはなんでそんなことになっちゃうんですかね？　複数のドラマの教育監修をやっていらっしゃる西岡さんならその原因がわかったりするんじゃないですか？

西岡　まあ、シンプルに教育監修が悪いんじゃないですかね？

中山　（笑）そうなんですか？

西岡　いや、自分が監修しているドラマは頑張っていますよ？　でも多分、教育監修的な人の授業観が古いと、そうなっちゃうんでしょうね。「今の授業ってこうじゃないですよ、２０２０年の設定ですよね？」って言える人が制作陣にいたほうがいい、っていうことなのかもしれないですね。

中山　「このドラマの設定、１９８０年じゃないですよね？」って言える人が必要ということですね。

西岡　でも、時期とか季節とかの設定って、そこらへんドラマって本当に大変だなって思うことがとても多いんですよ。例えば、日曜劇場「ドラゴン桜」で受験のシーンがあったんですけど、設定的には冬なのに、撮影は夏の時期だったから、ちょっと批判があったんですよ。「なんで受験期にこんな薄手の服を着ているんだ」って。エキストラの人たち、一応長袖は着ていたんだけど、みんな腕まくりして受験してたから（笑）。

中山　きっと、気合いが入っちゃってるんだよね（笑）。

西岡　「季節がはっきりしているドラマって、こういう時に作るの大変なんだなあ」と思いましたね。まあそれは置いておいて、ドラマは見せる授業の風景は、アップデートされてほしいですね。

中山　そうですね。

西岡　他にはいかがですか？

中山　これはさっきとは逆に、これまでの教育ドラマの中でもずっと描かれていたことなので、これからも期待できるんだろうなという思いで申し上げるんですが、「生徒と教師との信頼関係」を描くドラマがあると嬉しいと思いますね。「ごくせん」とか「GTO」とか、「女王の教室」でもそうなんですが、実は根底にあるのは、全10～12回の放送の中で、「生徒と教師との信頼関係がどう出来上がっていくのか」っていうところなんですよ。それぞれのアプローチはみんな違うかもしれないけど、その点だけは、どのドラマでも描かれていましたよね。

西岡 ああ、確かに、どんなにファンタジーなものであっても、その部分はすごくしっかり描かれていましたね。

中山 結局どんなに時代が進んでも、どんなに教育が変わったとしても、生徒と先生の信頼関係がいらなくなるということはあり得ないんです。この点だけはしっかりと描いてほしいし、これからの先生たちの指針になってくれればいいなと思っています。

おわりに

日曜劇場「御上先生」の放送中、「御上先生 vs. 現場の先生」と題して、「御上先生」の中で描かれている日本教育の諸問題をみんなで考えてみよう、というイベントが行われました。東京だけでなく、大阪・岡山・兵庫・群馬など、全国5カ所で開催され、実際に学校で勤められている先生たちから「御上先生」に対しての意見をいただく、というようなことを実践しました。

「御上先生」は、さまざまな問題を取り扱った教育ドラマでした。テクニックと受験・教科書検定・ビジネスコンテスト・相対的貧困……今まで扱ったことのないような教育問題に対して切り込んだ社会派ドラマでもありました。

そしてそれに対して、学校の先生たちはいろんな意見を持っていました。「教科書検定の問題点をもう少し触れるべきだったんじゃないか」「御上先生が生徒の生理用品を買うあのシーンの是非は」「御上先生のあの教え方は良かったのか」などなど。やっぱり現場の先生だから気付くことってあるんだなと、非常に楽しいイベントでした。

そのイベントに参加していた時に感じたのは、「ああ、こんなにいろんな議論を生むことができるんだな」ということでした。学校の先生は日々いろんなことを考えながら教育を行っており、「こう教えるのが正解だ」というものがない分野の中で日々努力をされています。そんな先生たちが、ドラマを観て、議論をしている。それがとても面白い現象だな、と感じたのです。

みなさんは、学園ドラマを観て、どんなことを感じたでしょうか？

自分がこの本で書いたのは、あくまでも考え方の1つであり、見方の1つでしかありません。みなさん自身が感じたことを大事にしてもらいたいですし、それをぜひ、他の人にぶつけてみてもらいたいと思います。

そうやって抱いた感想が、次の学園ドラマや教育を作っていくのではないかと思います。

2025年3月

西岡壱誠

西岡壱誠
（にしおか・いっせい）

東大生、株式会社カルペ・ディエム代表、日曜劇場「ドラゴン桜」監修。1996年生まれ。偏差値35から東大を目指し、3年目に合格を果たす。在学中の2020年に株式会社カルペ・ディエム（https://carpe-di-em.jp/）を設立、代表に就任。全国の高校で「リアルドラゴン桜プロジェクト」を実施し、高校生に思考法・勉強法を教えているほか、教師には指導法のコンサルティングを行っている。
テレビ番組「100%!アピールちゃん」（TBS系）では、タレントの小倉優子氏の早稲田大学受験をサポート。著書『「読む力」と「地頭力」がいっきに身につく 東大読書』『「伝える力」と「地頭力」がいっきに高まる 東大作文』『「考える技術」と「地頭力」がいっきに身につく 東大思考』『「数字のセンス」と「地頭力」がいっきに身につく 東大算数』（いずれも東洋経済新報社）はシリーズ累計45万部のベストセラー。『読んだら勉強したくなる東大生の学び方』（笠間書院）好評発売。

《熱血先生》から《官僚先生》へ
学園ドラマは
日本の教育をどう変えたか

2025年5月5日　初版第1刷発行

著者　西岡壱誠
発行者　池田圭子
発行所　笠間書院

〒101-0064　東京都千代田区神田猿楽町2-2-3
電話03-3295-1331　FAX03-3294-0996

ISBN 978-4-305-71043-7

装画・本文イラスト　越井 隆
装幀・デザイン　井上篤（100mm design）
本文組版　マーリンクレイン
印刷／製本　モリモト印刷

https://kasamashoin.jp

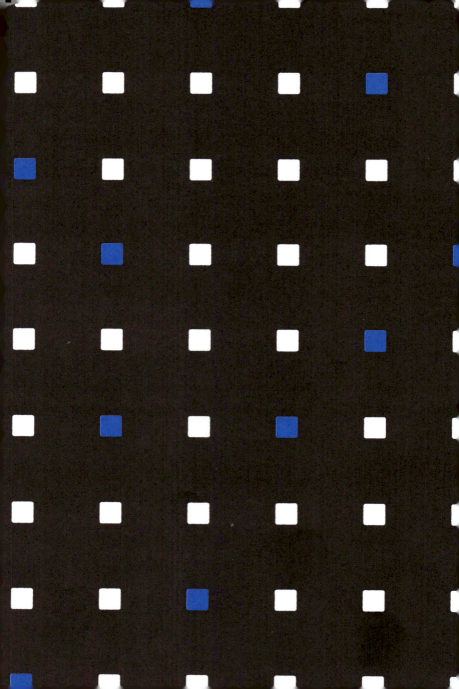